리더의 고사성어
CEO의 경영노트

사/람/을 움/직/이/는 지/혜

리더의 고사성어
CEO의 경영노트
사/람/을 움/직/이/는 지/혜

초판 1쇄 인쇄 | 2017.12.5
초판 1쇄 발행 | 2017.12.15

지은이 | 송성규
발행인 | 황인욱
발행처 | 도서출판 오래

주　소 | 서울특별시 마포구 토정로 222, 406호(신수동, 한국출판콘텐츠센터)
전　화 | 02-797-8786, 8787, 070-4109-9966
팩　스 | 02-797-9911
이메일 | orebook@naver.com
홈페이지 | www.orebook.com
출판신고번호 | 제2016-000355호

ISBN 979-11-5829-036-8　03320

이 도서의 국립중앙도서관 출판예정도서목록(CIP)은 서지정보유통지원시스템 홈페이지(http://seoji.nl.go.kr)와
국가자료공동목록시스템(http://www.nl.go.kr/kolisnet)에서 이용하실 수 있습니다.(CIP제어번호: CIP2017030857)

리더의 고사성어
CEO의 경영노트

사/람/을 움/직/이/는 지/혜

송성규 지음

圖書出版 오래

자본주의 활동의 특징은 영리주의와 합리주의라고 한다. 다시 말해서 효율적인 경영을 통해 이윤극대화를 추구하는 것이 경영의 목표이다. 그러므로 경영의 중심에 있는 CEO의 역할은 개성이 뚜렷하고 삶의 목표가 서로 다른 조직 내의 구성원들에게 기업의 경영이념과 경영원칙을 공유하고, 동기유발을 통해 최소의 비용으로 최대의 성과를 내는데 있다. 즉 한정된 자원의 효율적 배분과 합리적 운영을 통해 최대한의 성과를 도출하는 것이 CEO를 비롯한 경영진의 주된 역할이며, 그러한 역할을 문서로 풀어 쓴 것이 직무기술서이다.

이른바 Role & Responsibility라고도 부르는 이 문서를 보면 그들에게 얼마나 많은 능력과 지혜가 필요한지 알 수 있다. 크던 작던 조직을 이끄는 리더라면 그에 합당한 나름의 능력과 지혜가 요구되는 것이다. 능력과 지혜의 리더십이야말로 4차 산업혁명과 자본주의 5.0 시대를 가로지르는 경쟁력이다. 그러므로 능력과 리더십이 뛰어난 리더는 성공하고 그렇지 못한 리더는 실패한다. 비즈니스의 성패도 결국은 사람의 몫이고 언제나 그렇듯이 결과는 다르다. 기술적 능력은 차치하더라도 지혜의 리더십에 차이가 존재하기 때문이다. 그런데 리더십은 타고 나기도 하지만 만들어지기도 한다. 성과라는 열매는 리더십이라는 나무에서 열리지만 그 나무는 지혜의 햇빛과 노력의 양분을 먹고 자란다.

이 책은 리더십의 관점에서 기업의 핵심경쟁력을 강화하는 CEO가 추구하는 경영철학의 방향성을 점검하고, 기업이 치열한 경쟁에서 살아남아 마침내 승리하기 위한 전략의 수립 및 집행에 필요한 아이디어를 제공할 뿐만 아니라, 동기부여를 통한 인재 포트폴리오의 확보 및 관리방법과 한걸음 더 나아가 미래의 먹거리를 창출하기 위해 필요한 변화와 혁신의 기술적 접근 등 경영의 현장에서 당면하는 주제를 중심으로 실무에 참고하고 응용할 수 있도록 구성하였다. 구체적으로 고전에서 고른 금낭묘계(金囊妙計)와 같은 100개의 고사성어에 대응하도록 경영학, 심리학, 사회학계의 세계적인 구루들이 발표한 이론 및 글로벌 기업에서 활용되는 사례를 모아 5가지 주제별로 엮었다. 이해하기 쉽고 공감이 가는 내용으로 필요할 때마다 찾아보기에도 용이할 것이다. 고사성어를 통해 사물의 본질을 꿰뚫는 옛 성현들의 지혜를 공유하는 한편 이미 검증된 이론과 사례를 바탕으로 사람을 움직이는 다양한 실무적 해법을 제시할 수 있기를 기대한다. 부족하나마 미언대의(微言大義)라는 말처럼 작은 말 속에서 큰 의미를 느낄 수 있는 계기가 된다면 더욱 보람 있는 일이 될 것이다.

　이 책이 나올 때까지 사람을 움직이는 지혜와 경영 현장에서의 사례를 기꺼이 공유해 준 일선의 친구들과 선후배들, 고락을 같이한 여러 직장의 많은 동료들 그리고 도서출판 오래의 황인욱 대표님께 진심으로 고마움을 전하고 싶다.

2017년　송성규

차 례

제4부 변화와 혁신 141

논어(論語) 기원전 450년경에 쓰인 공자와 그 제자들의 언행록.

도덕경(道德經) 기원전 4세기경 노자(老子)가 지었다고 전해지는 책으로, 상편을 도경(道經), 하편을 덕경(德經)이라고 함.

맹자(孟子) 기원전 280년경에 쓰인 맹자의 언행을 기록한 책.

사기(史記) 사마천(司馬遷)이 지은 고대 중국의 역사서.

삼국지(三國志) 서기 290년경에 진수(陳壽)가 저술했으며, 위(魏), 촉(蜀), 오(吳) 세 나라가 패권을 다투던 시기의 역사서.

서경(書經) 성왕(聖王), 명군(名君), 현신(賢臣)이 남긴 어록.

손자(孫子) 기원전 480년경에 손무(孫武)가 쓴 병법서로 전략뿐만 아니라 인사에 관한 내용도 많이 기술하고 있음.

수호지(水滸誌) 명(明)나라 때의 무협소설로 북송의 양산박에서 108명의 호걸들이 조정의 부패와 관료의 비행에 저항해 봉기한 실화를 배경으로 한 소설.

시경(詩經) 기원전 470년경에 만들어진 고대 중국 사람들의 생활을 노래한 시가집.

열녀전(列女傳) 전한(前漢)시대 유향(劉向)이 요순시대부터 춘추전국시대까지의 여성 104명의 전기를 모아 엮은 책.

열자(列子) 기원전 4백년경에 쓰인 도가(道家)의 책.

전국책(戰國策) 전국시대에 유세했던 책사들의 이야기로 기원전 6년경에 유향(劉向)이 지은 책.

장자(莊子) 우화(寓話)로 구성된 중국 전국시대의 사상가 장자(莊子)의 저서.

주역(周易) 역은 변한다는 의미로, 천지만물이 끊임없이 변화하는 자연현상의 원리를 설명하고 풀이한 주나라의 역(易).

춘추(春秋) 춘추시대 노(魯)나라 은공(隱公)부터 애공(哀公)까지 242년 간의 역사서.

한비자(韓非子) 한(韓)나라의 귀족이었던 한비(韓非)가 기원전 230년경에 쓴 책으로 법가사상(法家思想)의 대표작.

회남자(淮南子) 기원전 120년경 한나라 초기에 유안((劉安)이 편찬한 신화와 전설에 관한 백과전서.

제 1 부

철
학
과

비
전

16세기에 발현한 자본주의는 시장경제를 바탕으로 진화하고 발전했다. 아담 스미스의 고전자본주의 1.0을 필두로 존 케인즈의 수정자본주의 2.0, 밀턴 프리드먼의 신자유주의적 자본주의 3.0을 거쳐 2008년 세계금융위기 이후 아나톨 칼레츠키가 주장한 따뜻한 대중자본주의 4.0이 그것이다. 그 후 등장한 자본주의 5.0은 마이클 포터와 마크 크레이머가 2011년 Harvard Business Review에 발표한 "자본주의를 재창조하는 방법과 혁신 및 성장의 흐름을 창출하는 방법"으로서의 공유가치창출(CSV: Creating Shared Value)에 기반을 두고 경제·사회적 조건을 개선시키면서 동시에 기업의 핵심 경쟁력을 강화하는 일련의 기업 정책 및 경영활동을 의미한다. 시대의 흐름에 맞는 패러다임의 변화가 요구되는 시점이다.

점석화금
點 石 化 金
점점 돌석 될화 쇠금

돌을 만져 황금으로 만든다. 즉 하찮은 것을 훌륭하게 변화시키는 것을 비유하는 말이다. 점석성금(點石成金) 또는 점철성금(點鐵成金)이라고도 한다.

[출전] 열선전(列仙傳)[1]

중국의 진(晉)나라 시절 허손(許遜)이라는 사람에게는 신통한 능력이 있었는데, 도술을 부려 귀신을 쫓아내기도 하고 사람들의 병을 치료할 수 있었다고 한다. 그가 한 때 어느 고을을 다스리던 중 백성들이 세금을 내지 못할 정도로 형편이 어려운 것을 보고 안타까운 마음이 들어 그들을 도왔다.

許遜南昌人. 晉初爲旌陽令, 點石化金, 以足逋賦.
허손남창인. 진초위정양령, 점석화금, 이족포부.

허손은 남창 사람이다. 진나라 초기에 정양의 현령을 지냈는데, 돌을 손으로 만져 황금으로 만들어 밀린 세금을 충당했다.

한편, 송(宋)나라의 호자(胡仔)가 초계어은총화후집(苕溪漁隱叢話後集)에서 당(唐)나라 맹호연(孟浩然)의 시를 촌평할 때에도 "시구마다 한 글자를 정교하게 써서 자연스럽게 빼어나 범상치 않다. 영단[2]처럼 돌을 다듬어 황금을 만들었다"[3]라고 칭찬했다.

---

1 도교의 경전 중의 하나로 서한(西漢)의 유향(劉向)이 주로 신선에 관한 이야기를 엮어 지은 책.
2 먹으면 신선이 된다는 도교에서 말하는 환약.
3 詩句以一字爲工, 自然穎異不凡, 如靈丹一粒, 點石成金也. 시구이일자위공, 자연영이불범, 여영단일립, 점석성금야.

중국의 한서(漢書) 동방삭전(東方朔傳)에 모인 동방삭은 해학과 언변이 특출했다고 한다. 18만 년을 살았다고 전해지는 삼천갑자(三千甲子) 동방삭에 관한 전설적인 이야기는 우리나라에도 알려져 있다. 어느 날 저승사자가 실수로 아직 죽을 때가 되지 않은 동방삭을 염라대왕 앞으로 끌고 갔다. 착오로 너무 일찍 저승에 온 것을 알게 된 염라대왕은 저승사자에게 다시 이승으로 데려다 주도록 했다. 이때 자신의 수명이 얼마나 남았는지 궁금한 동박삭은 염라대왕에게 부탁해서 명부를 보게 되었는데, 거기에 적힌 수명이 고작 일 갑자(一甲子)로 60년에 지나지 않자 염라대왕이 한 눈을 파는 사이에 붓으로 획을 추가해 삼천갑자로 고쳤다. 후에 이를 알게 된 염라대왕이 화가 나 동방삭을 당장 잡아들이라며 저승사자를 내려 보냈지만, 그는 꾀를 내 이리저리 도망 다녔다. 결국 탄천(炭川)에서 기다리던 저승자사에게 붙들려 갔는데 그때는 이미 삼천갑자를 다 살았다고 한다.

아시아인프라투자은행(Asia Infrastructure Investment Bank)은 아시아 국가들의 사회간접자본을 확충하기 위해 2016년 창립되었다. 그런데 이 은행의 지구본 모양 조형물의 이름이 바로 점석성금이다. 왼쪽 반은 회색빛 돌, 오른쪽 반은 황금빛 금속으로 만들어져 있다. 돌을 다듬어 황금으로 변화시키겠다는 이 은행의 비전을 보여주는 상징이다.

CEO라면 원대한 비전을 가져야 한다. 그러나 먼지가 쌓여 큰 산이 되고, 삶이 순간의 연속이듯이 큰 성공도 작은 성취가 모여 이루어진다. CEO는 자신을 바라보고 있는 사람들과 철학을 공유하며, 노력하면 내일도 모레도 조금씩이라도 앞으로 나아갈 것이라는 희망을 줄 수 있어야 한다. 자본주의 5.0 시대에 '공유가치창출'을 통해 그들의 꿈이 언젠가는 이루어지게 하는 것이 CEO가 할 일이다.

두주불사
斗 酒 不 辭
말 두　술 주　아닐 불　말씀 사

말술도 사양하지 않는다. 즉 주량이 매우 크거나 역경에 굴하지 않는 도전
정신과 용기를 비유하는 말이다.

[출전] 사기(史記)[1] 항우본기(項羽本紀)

혼란이 극에 달한 중국의 진(秦)나라 말이었다. 반란군들은 수도
함양에 제일 먼저 점령하는 사람이 왕이 되기로 약속했는데, 유방
(劉邦)[2]이 처음으로 입성해 진나라 황제 영자영(嬴子嬰)의 항복을 받
았다. 선수를 빼앗긴 항우(項羽)는 약속을 어기고 유방을 치려고 했
다. 그러자 세력이 약한 유방은 항우에게 용서를 빌었고, 항우는 화
해의 술자리를 마련했다. 이른바 홍문지회(鴻門之會)이다.

그러나 항우의 사촌동생이 유방을 살해하려고 하자 유방의 장수
번쾌(樊噲)가 칼과 방패를 들고 연회장에 들어와 저지했다. 항우가
이야기를 듣고 파안대소하며 번쾌에게 술을 내리자, 번쾌는 선 채
로 술 한 말을 통째로 들이키더니 돼지 다리 하나를 방패에 놓고 썰
어 안주로 먹었다. 항우가 이를 보고 과연 장사라고 감탄하며 한 말
더 마실 수 있겠느냐고 물으니 번쾌가 다음과 같이 대답했다.

> 臣死且不避, 巵酒安足辭!
> 신사차불피, 치주안족사!

죽음도 마다하지 않는 제가 어찌 한 잔 술을 사양하겠습니까!

1　사마천(司馬遷)이 쓴 한나라 때까지 고대 중국의 역사를 다룬 책.
2　중국 한(漢)나라의 제1대 황제(재위 기원전 202~195). 4년간에 걸친 항우와의 싸움에서
　승리하고 중국을 통일했다.

기업은 존재의 이유이자 궁극적인 목표라고 말 수 있는 '경영이념'(Mission Statement)과 그러한 경영이념을 실천하기 위한 '경영원칙'(Business Principles) 그리고 기업문화의 주축이 되는 '핵심가치'(Core Value)를 정해서 구성원 모두가 이를 지키도록 노력한다. 유수의 기업들이 이룩한 성공은 우연의 소산이 아니라, 인류의 행복을 기원하는 담대한 비전을 경영이념으로 정하고 경영원칙과 핵심가치를 꾸준히 실천한 결과일 것이다. 성공한 글로벌 기업들이 표방하는 경영이념의 예를 들어본다.

- 구글(Google): 사람들이 단 한 번의 클릭으로 세상의 모든 정보에 접근하도록 수단을 제공한다.

- 씨티그룹(Citigroup): 우리가 살아가며 일하는 모든 곳의 아이들과 가족과 이웃의 삶의 질이 나아지도록 한다.

- P&G: 현재와 다음 세대 소비자들의 더 나은 생활을 위해 뛰어난 품질의 제품과 서비스를 제공한다.

- 맥킨지(Mackenzie): 우리의 사명은 고객이 지속적이며 근본적으로 성과를 개선할 뿐만 아니라 우수한 인재를 채용하고 그들이 성장하도록 지원함으로써 즐겁게 일하고 근속하도록 돕는데 있다.

- 월마트(Walmart): 사람들이 행복한 내일을 위해 절약하도록 돕는다.

- 포드자동차(Ford Motor): 우리는 생활을 개선하기 위해 필요한 소비자의 니즈를 예측하고 우수한 제품과 서비스를 제공한다.

망양흥탄
望洋興嘆
바랄 망 큰바다 양 일흥 탄식할 탄

바다를 보면서 탄식한다. 즉 다른 사람의 뛰어난 면을 보고 비로소 자신의 부족한 점을 깨닫게 됨을 비유하는 말이다.

[출전] 장자(莊子) 추수편(秋水篇)

중국 황하(黃河)에 하백(河伯)이라는 신이 살았다. 그는 모든 냇물이 황하로 모이니 자기가 으뜸이라고 생각했다. 그러던 어느 날 비가 많이 내려 물이 넘쳐흐르자 그는 강을 따라 동쪽으로 가 마침내 바다에 이르렀는데, 그 끝이 보이지 않자 바다의 신에게 이렇게 말했다.

> 且夫我嘗聞少仲尼之聞而輕伯夷之義者, 始吾弗信. 今我睹子之難窮也, 吾非至於子之門, 則殆矣, 吾長見笑於大方之家.
> 차부아상문소중니지문이경백이지의자, 시오불신. 금아도사시난궁야, 오비지어자지문, 즉태의, 오장견소어대방지가.

저는 공자의 학문을 하찮게 생각하고 백이의 의로움을 가볍게 여기는 말을 듣고 처음에는 믿지 않았는데, 이제 당신의 끝이 없음을 보고 나니 제가 여기 오지 않았더라면 두고두고 세상 사람들의 비웃음을 살 뻔했습니다.

바다의 신이 대답했다. "우물 안의 개구리에게 바다를 말할 수 없음은 공간의 제약 때문이며, 여름벌레에게 얼음을 말할 수 없음은 시간의 제약 때문이며, 편협한 지식인에게 진정한 도의 세계를 말할 수 없음은 교육의 제약 때문이다. 그런데 그대는 작은 강을 나와 큰 바다를 보고 부족함을 깨달았으니 더불어 큰 이치를 논할 만하다."[1]

---

1 井䲭不可以語於海者, 拘於虛也. 夏蟲不可以語於氷者, 篤於時也. 曲士不可以語於道

세계 최대 기업인 월마트의 2016년 매출액은 약 560조 원이었다. 구글의 CEO 순다 피차이(Sundar Pichai)는 2016년 한 해에 성과보수로만 약 2,278억 원을 받았다. 잭 웰치(Jack Welch)가 GE에서 받은 퇴직금은 약 4,500억 원이었다. 포브스가 밝힌 2017년 세계 최고 부자들의 재산은 1위 마이크로소프트의 CEO 빌 게이츠(Bill Gates)는 약 96조 원, 2위 마이다스의 손 워렌 버핏(Warren Buffett)은 약 85조 원, 3위 아마존의 CEO 제프 베조스(Jeff Bezos)는 약 82조 원이다.

축구 선수 호날두(Cristiano Ronaldo)의 인스타그램 팔로어는 1억 600만 명. 그가 사진을 올리면 하루 안에 100만 건 이상의 조회 수를 기록하는데, 사진 한 장 올릴 때마다 거두는 수익은 세계에서 세 번째로 많은 약 4억 6,000만 원이다. 2위 킴 카다시안(Kim Kardashian)은 약 5억 8,000만 원, 1위 셀레나 고메즈(Selena Gomez)는 약 6억 3,000만 원을 번다.

세계 최대의 육가공업체 타이슨 푸드는 매주마다 닭고기 3천 5백만 마리, 돼지고기 41만 5천 마리, 소고기 12만 5천 마리와 3만 톤의 조리식품을 판매한다.

세계에서 가장 긴 터널은 스위스 알프스 지역을 통과하는 고트하르트 베이스 터널로 길이는 57Km이다. 세계에서 가장 긴 다리는 중국의 단양–쿤산대교로 길이가 무려 164.8Km에 이른다.

무엇이든지 공간과 시간과 교육의 제약을 벗어나야 비로소 보이고 들리며 이해할 수 있게 된다. 그래야 꿈을 키울 수 있다. 유니콘 기업(창업 10년 이내에 자산 10억 달러를 넘어선 기업)은 바다와 같은 큰 꿈을 꾸어야 비로소 만들어진다.

者, 束於教也. 今爾出於崖涘, 觀於大海, 乃知爾醜, 爾將可與語大理矣. 정와불가이어
어해자, 구어허야. 하충불가이어어빙자, 독어시야. 곡사불가이어어도자, 속어교야.
금이출어애사, 관어대해, 내지이추, 이장가여어대리의.

청출어람
青 出 於 藍
푸를 청 날 출 어조사 어 쪽 람

푸른색은 쪽에서 나왔지만 쪽빛보다 더 푸르다. 스승보다 더 나은 제자를 비유하는 말이다.

[출전] 순자(荀子)[1] 권학편(勸學篇)

청출어람은 '청출어람청어람(青出於藍青於藍)'의 줄임말이다.

青取之於藍, 而青於藍. 冰水爲之, 而寒於水. 木直中繩, 輮以爲輪, 其曲中規, 雖有槁暴, 不復挺者, 輮使之然也. 故木受繩則直, 金就礪則利. 君子博學而日參省乎己, 則智明而行無過矣. 故不登高山, 不知天之高也. 不臨深谿, 不知地之厚也.

청취지어람, 이청어람. 빙수위지, 이한어수. 목직중승, 유이위륜, 기곡중규, 수유고폭, 불복정자, 유사지연야. 고목수승즉직, 금취려즉이. 군자박학이일참성호기. 즉지명이행무과의. 고불등고산, 부지천지고야. 불임심계, 부지지지후야.

푸른색은 쪽에서 나오지만 쪽보다 더 푸르고, 얼음은 물이 얼어서 되지만 물보다 더 차다. 먹줄을 쳐서 자른 반듯한 나무도 구부려 바퀴로 만들면 둥글게 된다. 볕에 말려도 다시 반듯하게 되지않는 이유는 이미 구부려 놓았기 때문이다. 따라서 나무는 먹줄을 쳐서 자르면 반듯하게 되고, 쇠는 숫돌에 갈면 날카로워진다. 군자는 폭넓게 배우고 날마다 자신을 반성해야 지혜가 밝아지고 행실에 잘못이 없게 된다. 높은 산에 올라가지 않으면 하늘이 높음을 알 수 없고, 깊은 골짜기에 가보지 않으면 땅의 두터움을 알 수 없다.

---

1   기원전 300년경 중국 조(趙)나라 태생이며, 공자(孔子), 맹자(孟子)와 더불어 3대 유학자 가운데 한 사람으로 성악설(性惡說)을 처음 주장했다.

1886년에 코카콜라를 처음 개발한 존 펨버튼(John Pemberton)은 첫 해 수입이 50달러에 불과했다. 그 후 아사 캔들러(Asa Candler)가 1892년 2,300달러에 사업권을 사들인 다음, 지금까지 비밀에 부쳐지고 있는 '7X'라는 첨가물을 넣고 대중화에 성공했다. 그는 1919년에 이르러 2,500만 달러를 받고 현재의 회사에 넘겼다. 2016년 코카콜라의 매출액은 418억 달러였다.

맥도날드 햄버거는 미국의 모리스 맥도날드(Maurice McDonald)와 리처드 맥도날드(Richard McDonald) 형제가 창업했지만, 레이 크록(Ray Kroc)이 프랜차이즈 확장에 소극적이었던 그들로부터 1954년에 270만 달러에 인수한 것이다. 맥도날드 형제는 양도 후 얼마 안가 기존 매장의 실패로 망하고 말았지만, 맥도날드는 오늘날 120여개 국가에 33,000여 개의 매장을 거느리는 글로벌 대기업으로 성장했다.

스타벅스(Starbucks)는 1971년 미국의 대학 동창생 세 명이 모여 시애틀의 점포에서 커피 원두를 판매하던 것이 시초였다. 동업자들은 1987년에 이르러 스타벅스를 하워드 슐츠(Howard Schultz)에게 370만 달러에 팔아 넘겼고, 하워드 슐츠는 자신이 커피음료를 만들어 팔던 일 지오날레(Il Giornale) 커피점의 상호를 스타벅스로 교체한 후 전혀 새로운 스타벅스의 모습을 선보이며 빠른 속도로 성장했다. 1996년에는 북미 지역 밖의 첫 번째 매장을 도쿄에 냈으며, 2015년 기준 65개국의 22,551개 매장에서 다양한 종류의 커피와 음료 등을 판매하고 있다.

비즈니스 세계에도 청출어람의 사례는 너무 많다. 내가 아닌 다른 사람이 나보다 더 잘 할 수 있다면 반드시 이유가 있다. 그 이유를 알면 누구나 성공할 수 있다.

일궤십기
一 饋 十 起
한일 보낼 궤[1] 열십 일어날 기

식사 중에 열 번이나 일어난다. 즉 통치자가 밥도 제대로 먹지 못할 만큼
백성들을 위하여 최선을 다함을 비유하는 말이다.

[출전] 회남자(淮南子)[2] 범론훈(氾論訓)

중국 고대 하(夏)나라 때 우(禹) 임금이 소통하는 군주로서 얼마나
훌륭했는지 말해주는 구절이 있다.

> 禹之時, 以五音聽治, … 爲號曰, 敎寡人以道者擊鼓, 諭寡人以義
> 者擊鐘, 告寡人以事者振鐸, 語寡人以憂者擊磬, 有獄訟者搖鞀.
> 當此之時一饋而十起, 一沐而三捉髮, 以勞天下之民.
> 우지시, 이오음청치, … 위호왈, 교과인이도자격고, 유과인이의
> 자격종, 고과인이사자진탁, 어과인이우자격경, 유옥송자요도.
> 당차지시일궤이십기, 일목이삼착발, 이로천하지민.

우 임금은 다섯 가지 악기의 소리를 듣는 것으로 통치를 했는데,…
말하기를 자신에게 도로써 가르칠 사람은 북을 울리고, 의로써 타
이르고자 하는 사람은 종을 치며, 무슨 일이든지 고하고자 하는
사람은 방울을 흔들고, 근심을 말하고자 하는 사람은 경을 치며,
소송할 일이 있는 사람은 노도를 치도록 하라고 하였다. 그때 우
임금은 식사 한 번 하는 동안에 열 번씩 일어나고, 목욕을 한 번
하다가도 세 번씩이나 손으로 머리를 잡고 나왔다. 백성들을 위해
이와 같이 힘써 일했다.

1　여기서는 '식사'의 의미로 쓰였다.
2　기원전 120년경 한(漢)나라 초에 회남왕(淮南王) 유안(劉安)이 신화와 전설을 모아 편
　찬한 백과전서.

오늘날의 경영진도 바쁘다. 개발안 평가, 영업 독려, 입찰준비 점검, 협력업체 문제 해결, 품질관리 현황파악, 자금상황 확인, 고객서비스 개선, 직원 면담과 회의 참석, 출장 등 어느 것 하나 소홀히 할 수 없다. 하루가, 일주일이 어떻게 지나가는지 모르는데 월말이 어느새 코앞으로 다가온다.

생각 사(思)의 어원은 농부가 밭(田)을 챙기는 마음(心)이다. 농부에게 밭은 전부이며 따라서 마음이 하루 종일 밭에 가 있는 것은 당연하다. 일어나면 밭을 한 바퀴 둘러보고 나야 비로소 아침식사를 한다. 그리고 밭에 나가 씨를 뿌리고 물을 주며 잡초를 뽑는다. 농작물은 농부의 사랑과 시간을 먹고 자란다.

고객이나 직원과 격리된 채 사무실에 앉아서 보고만 받는 리더가 성공했다는 말은 들어보지 못했다. 농부가 밭을 챙기듯이 리더는 현장을 지켜야 한다. 현장을 보지 않으면 문제와 기회를 알 수 없고, 문제와 기회를 모르는 리더는 전략을 세울 수 없기 때문이다. 새는 날아야 벌레를 잡고, 리더는 움직여야 성공한다. "좋은 서비스는 동사이고, 나쁜 서비스는 명사이다.(Good services are verbs and bad services are nouns.)" 영국정부의 디자인 책임자 루이스 다우니(Lewis Downey)의 말이다.

그런데 조직의 규모가 크고 상품과 서비스가 다양하며 네트워크가 산재해 있다면 경영진이 언제나 모든 현장을 살피기는 현실적으로 불가능하다. 그래서 '고객의 소리'(Voice of Customer)나 '직원의 소리'(Voice of Employee)와 같은 만족도조사 방법을 활용한다. 설문조사를 매년 실시하면 데이터가 축적되어 분야별 상대평가와 연도별 시계열 분석을 할 수 있고, 조사의 실행과 분석을 외부 조사업체에 의뢰하면 경쟁업체와의 상세한 비교도 가능하다.

종용유상
從 容 有 常
따를 종 얼굴 용 있을 유 항상 상

안색과 태도가 변함없이 한결같다. 즉 마음가짐과 겉모습이 어떤 상황에서도 법도에 벗어나지 않는다는 말이다.

[출전] 예기(禮記)[1] 치의편(緇衣篇)[2]

공자(孔子)가 말했다.

長民者衣服不貳, 從容有常, 以齊其民, 則民德壹.
장민자의복불이, 종용유상, 이제기민, 즉민덕일.

어른 되는 사람이 백성을 다스림에 있어 예법에 벗어나지 않도록 의복을 단정히 하며, 안색과 태도의 일관성을 유지한다면 백성들도 덕에 어긋나게 행동하지 않을 것이다.

유상(有常)은 천지만물은 그대로 있지 아니하고 늘 변한다는 무상(無常)의 반대이다. 따라서 종용유상은 어떤 상황에도 자신의 감정을 겉으로 드러내지 않고 태도의 일관성을 유지하며 묵묵히 바른 길을 걸어가는 상태를 뜻한다. 유교에서는 사람의 얼굴을 인격이 드러나는 마음의 창이며, 따라서 좋고 싫은 감정을 얼굴에 나타내는 것은 군자답지 않다고 본다. 일희일비하지 않고, 언제나 안색이 변치 않는 조용한 상태를 유지하는 것이 지도자의 덕목이다. 등소평(鄧小平)의 좌우명은 어떠한 변화가 닥쳐도 가볍게 움직이지 않고 놀라지 않는다는 '처변불경 처변불경'(處變不輕 處變不驚)이었다.

---

1 유교의 오경(五經)의 하나. 예경(禮經)이라고 부르지 않는 이유는 예(禮)에 대한 기록 또는 주석(註釋)이라는 의미이기 때문이다.

2 치의(緇衣)는 고대 중국의 관복을 말하며, 치의편은 주로 군자의 행동거지, 신하의 자세, 군주의 덕목 등을 기록하고 있다.

리더로 산다는 것은 열정과 책임, 희열과 자긍, 회의와 좌절이 무한 반복되는 것을 의미한다. 스트레스가 많은 삶이다. 그런데 역설적이지만 스트레스가 발전을 낳는다. 하지만 스트레스를 밖으로 표출하는 것은 결코 리더의 몫이 아니다. 스트레스가 밖으로 튀어나오는 순간 평정심은 더 멀리 달아나기 때문이다. 평정심을 잃은 상태에서 내리는 결정은 잘못될 확률이 높다.

소위 표정관리가 중요하다. 행복해서 웃는 것이 아니라 웃으니까 행복해진다는 말이 있지만, 좋은 일에 들뜨지 않으며, 나쁜 일에 흥분하지 않고 평정심과 일관성을 유지할 수 있다면 구성원들은 편안하게 일에 집중할 수 있다. 불안한 직원은 일보다는 상사에게 더 신경을 쓰고, 그러한 조직은 비효율을 피할 수 없다. 그래서 대학(大學) 8조목(八條目)에서는 "집안을 잘 다스리고자 하는 자는 자기 자신의 수양을 먼저 해야 한다"[3]고 강조했던 것이다.

조선 4대 문장가로 꼽히며, 인조반정 후 영의정을 지낸 신흠(申欽)은 매화불매향(梅花不賣香)이라는 한시에서 아무리 어려운 경우라도 한결같이 변치 않는 지조와 일관성을 노래했다.

桐千年老恒藏曲 梅一生寒不賣香 月到千虧餘本質 柳經百別又新枝
동천연로항장곡 매일생한불매향 월도천휴여본질 유경백별우신지

오동나무는 천년을 살아도 악기로 그 가락을 간직하고
매화는 일생을 추위 속에 살아도 향기를 팔지 않는다.
달은 천 번을 이지러져도 근본이 그대로 남아 있고
버드나무는 백 번을 꺾여도 새 가지가 돋아난다.

---

3 欲齊其家者 先修其身. 욕제기가자 선수기신.

도리불언 하자성혜
桃李不言　下自成蹊
복숭아 도　오얏 리　아닐 불　말씀 언　아래 하　스스로 자　이룰 성　좁은 길 혜

복숭아나무와 자두나무는 말을 하지 않아도 나무 아래 저절로 길이 난다. 즉 복숭아나무와 자두나무는 꽃이 예쁘고 열매가 맛이 좋아서 찾는 이가 많으므로 그 아래 자연히 길이 생기는 것처럼, 덕이 있는 사람은 잠자코 있어도 많은 사람들이 따름을 비유하는 말이다.

[출전] 사기(史記) 이장군열전(李將軍列傳)

중국 전한(前漢)의 장수 이광(李廣)은 힘이 세고 무예가 뛰어나며 몸이 빨라서 흉노와 70여 차례 싸워 수많은 전공을 세웠다. 흉노는 그를 두려워하여 한비장군(漢飛將軍)이라고 부를 정도였으며, 부하들은 모두 그를 존경해 마지않았다.

그러나 후에 그의 부대가 싸움터에서 길을 잃어 정한 날짜에 본진에 도착하지 못하는 바람에 처벌을 받게 되었다. 이때 그는 모든 죄는 자신에게 있다며 부하들의 선처를 부탁하고 스스로 목숨을 끊었다. 소식을 들은 많은 사람들이 그를 애도했는데, 사마천(司馬遷)은 특히 말수가 적었던 이광을 다음과 같이 칭송했다.

桃李不言, 下自成蹊.
도리불언, 하자성혜.

복숭아나무와 자두나무는 말을 하지 않아도 그 아래 저절로 길이 난다.

조직에서 구성원들에게 존경받는 리더들의 공통점 중 하나는 어려운 일이 닥칠 때 구성원들에게 미루지 않고, 결과에 대한 책임을 나 홀로 진다는 각오로 누구보다 앞장서서 문제를 해결하고 그 성과를 구성원들과 함께 나누는 것이다.

논어에 보면 제자 자공(子貢)이 공자에게 평생토록 지켜 실천할 수 있는 한마디 가르침을 청하자, 그것은 바로 용서하는 마음이라고 대답하고 이에 대해 "자신이 원하지 않으면 다른 사람에게도 시키지 말아야 한다"고 설명했다.[1] 역지사지(易地思之)의 자세로 구성원들의 입장을 이해하면 된다.

그런데 한 걸음 더 나아가 보다 적극적인 눈으로 바라보면, 자신이 하고 싶은 것을 다른 사람과 함께 하거나 성공하도록 도와주는 마음을 실천하는 것이야말로 리더의 덕목이 아닐까 한다. 자신의 실수에 대해서 솔직하게 인정하고 재발하지 않도록 노력하는 리더, 다른 사람들의 과오를 흔쾌히 용서하고 시간이 흐르면서 변화하고 더 잘 할 수 있도록 배려하며 격려해 마지않는 리더라면 존경받기에 충분할 것이다. 상황이 녹록치 않더라도 남을 대할 때는 봄바람같이 훈훈하고, 자신을 지키기 위해서는 가을 서릿발같이 엄격하게 행동하는 것이다.[2]

공자의 말이다. "덕은 외롭지 않고 반드시 이웃이 있다. 덕이 있으면 반드시 따르는 사람이 있다." "자신은 엄하게 질책하되 남은 가볍게 책망한다면 원망을 피할 수 있다."[3]

---

1 有一言而可以終身行之者乎? 其恕也. 己所不欲勿施於人. 유일언이가이종신행지자호? 기서야. 기소불욕물시어인.
2 待人春風 持己秋霜. 대인춘풍 지기추상
3 德不孤 必有隣. 덕불고 필유린.
躬自厚而薄責於人 則遠怨矣. 궁자후이박책어인 즉원원의.

과전이하
瓜田李下
외과 밭전 오얏이 아래하

오이 밭에서 신발을 고쳐 신지 않고 자두나무 밑에서 갓을 고쳐 쓰지 않는다. 즉 의심받을 만한 행동을 하지 말아야 함을 비유하는 말이다.

[출전] 열녀전(烈女傳)[1]

중국 전국시대 제(齊)나라의 위왕(威王)은 즉위한 지 9년이나 지났지만 간신 주파호(周破胡)의 국정농단으로 인해 나라가 안정되지 못했다. 그러자 후궁 우희(虞姬)가 위왕에게 주파호는 속이 검은 사람이니 그를 멀리하고 북곽(北郭)과 같은 어진 선비를 등용하도록 청했다. 그러나 주파호가 그녀와 북곽이 연인 사이라고 모략하는 바람에 오히려 우희가 옥에 갇히게 되었다.

위왕이 문초하자, 우희는 죄가 있다면 오직 옛날 속담을 지키지 않은 것일 뿐이라며 자신의 결백을 호소했다.

瓜田不納履, 李下不整冠.
과전불납이, 이하불정관.

오이 밭에서 신발을 고쳐 신지 말고, 자두나무 아래에서 갓을 고쳐 쓰지 말라.

이에 위왕은 잘못을 깨달아 주파호를 처형하고 기강을 바로잡았다고 한다.

---

1 전국책(戰國策), 설원(說苑)을 저술한 중국 전한(前漢)시대 학자 유향(劉向)이 요순시대부터 춘추전국시대까지의 여성 104명의 전기를 모아 엮은 책.

신뢰받는 리더가 훌륭한 직장을 만든다. 리더라면 누구나 직원들의 신뢰를 받고 싶어 하지만 직원들이 절대로 같이 일하고 싶지 않은 리더의 유형이 있다.[2]

첫째, 직원이 스스로 끌어온 고객과 달성한 성과, 참신한 아이디어를 자기 공으로 내세우는 리더와는 같이 일하고 싶어 하지 않는다. 그런데 리더가 직원을 앞세워 손해 보는 일은 없다. 오히려 되도록 많이 칭찬하고 더 보상하는 것이 조직과 자신을 위해서 더 나은 결과를 가져온다.

둘째, 자신의 잘못을 직원의 책임으로 돌리며, 거짓말하는 리더와는 같이 일하고 싶어 하지 않는다. 책임지지 않는 리더의 태도에 직원들은 절망할 것이며, 그러한 리더를 위해서라면 다시는 최선을 다하지 않을 것이다.

셋째, 직원을 공개적으로 비난하거나 뒤에서 험담하는 리더와는 같이 일하고 싶어 하지 않는다. "자넨 안 돼, 뻔해." 이런 말을 듣고 마음에 상처를 받지 않을 직원은 없다. "지난번에도 잘했으니 이번에도 잘할 거야"라며 자존심을 살려주면 팔굽혀펴기를 백만 개라도 할 수 있지만, "그러니까 내가 시키는 대로만 해"라고 하면 정말 시키는 것밖에 안 한다.

신뢰는 재능이 아닌 노력의 결과물이다. 순간적인 충동에 흔들리지 않도록 연습을 거듭해야 자제력의 근육이 강해지고 신뢰가 쌓인다. 회남자(淮南子) 원도훈(原道訓)에 나오는 말을 새겨볼 만하다. "나이 쉰 살이 되어서야 49년간의 잘못을 알았다."[3]

---

2 질 가이슬러 지음, 김민석 옮김, 해피워크, 처음북스, 2014.
3 年五十而知, 四十九年非. 연오십이지, 사십구년비.

언충신 행독경
言忠信 行篤敬
말씀 언 충성 충 믿을 신 다닐 행 도타울 독 공경 경

말은 진실하고 미더우며, 행실은 돈독하고 조심스러워야 한다.

[출전] 논어(論語)[1] 위령공편(衛靈公篇)

제자 자장(子張)이 자신의 주장이 사람들에게 통하게 하려면 어떻게 해야 하는지 공자에게 질문하자 다음과 같이 대답했다.

> 言忠信, 行篤敬, 雖蠻貊之邦, 行矣. 言不忠信, 行不篤敬, 雖州里,
> 行乎哉? 立則見其參於前也. 在輿則見其倚於衡也. 夫然後行.
> 언충신, 행독경, 수만맥지방, 행의. 언불충신, 행불독경, 수주리,
> 행호재? 입즉견기참어전야. 재여즉견기의어형야. 부연후행.

말이 진실하고 믿음직하며 행실이 돈독하고 조심스러우면 오랑캐의 나라에서도 통한다. 그러나 말이 진실하고 믿음직하지 않으며 행실이 돈독하고 조심스럽지 않다면 비록 자기 고향이라도 통하겠는가? 서 있으면 이 구절이 눈앞에 가지런히 보이고, 가마를 타고 있으면 안의 가로지른 나무에 새긴 것처럼 보여야 비로소 통할 것이다.

안중근(安重根) 의사가 1910년 여순 감옥에서 쓰고 왼손 손바닥 도장을 찍은 유묵이 여러 점 남아 있는데, 그 중에서도 '言忠信行篤敬蠻邦可行'(언충신행독경만방가행)은 보물 569-25호로 지정되어 있다.

---

1 기원전 450년경에 쓰인 공자와 그 제자들의 언행록. '논어'(論語)는 어록이라는 뜻이다. 맹자(孟子), 대학(大學), 중용(中庸)과 함께 사서(四書)로 불린다. 삼경(三經)은 시경(詩經), 서경(書經), 주역(周易)을 말한다.

직원들은 상사가 자기들에게 하는 같은 말과 태도를 그 윗사람에게도 똑같이 하기를 기대한다. 직원들의 의사를 가감 없이 전달해 주기를 원하기도 한다. '직원들 앞에서 하는 말과 윗사람에게 하는 말이 서로 다른 상사'에게는 배신감을 느껴 마음을 열지 않는다. 말이 진실하지 않고 약속을 지키지 않으면 신뢰를 잃고 사람들이 그의 말을 듣지 않는다. 리더에게 있어서 진실함은 자리를 보전하는 생명수이며, 구성원들과 마음을 연결하는 다리이다. 세월호와 관련해서 회자한 말이 있었다. "거짓은 참을 이길 수 없으며, 진실은 침몰하지 않는다."

아이들이 부모가 하는 말을 예민하게 받아들이는 것처럼 조직에서도 직원들은 리더의 말과 태도에 지나칠 정도로 관심을 가진다. 규모가 작은 조직일수록 리더의 언행이 노출될 가능성이 더 크고 그만큼 주의해야 한다. 공자는 "군주는 배와 같고 백성은 물과 같으니, 물은 배를 띄울 수도 있지만 배를 뒤집을 수도 있다"[2]고 했다.

다면평가(360° 피드백)를 해보면 구성원들이 리더를 어떻게 생각하고 있는지 알기 쉽다. 이는 경영진이 중간관리자를 평가하는 데도 유용한 도구이지만 경영진 스스로도 거울에 자신의 모습을 비춰볼 수 있는 기회가 된다. 민낯이 드러나는 두려움이 있을 수 있겠지만, 혼자서는 알기 어렵고 개선이 필요한 부족한 점을 가르쳐 준다. 많은 글로벌 기업들은 정기적인 성과평가에 다면평가의 결과를 반영한다. 연 1회 실시하는 직원만족도 조사에 관련 문항을 포함시켜 설문조사를 하는 방식으로 다면평가를 실시하고 결과에 따라 필요한 조치를 하기도 한다.

---

2 君者, 舟也. 庶人者, 水也. 水卽載舟. 水卽覆舟. 군자, 주야. 서인자, 수야. 수즉재주, 수즉복주.

구미속초
狗尾續貂
개 구 꼬리 미 이을 속 담비 초

값이 비싼 담비꼬리 대신 싼 개꼬리로 잇다. 즉 하찮은 것으로 좋은 것을 대신하거나 자질이 모자라는 사람을 관직에 등용하는 것을 비유하는 말이다.

[출전] 진서(晉書) 조왕륜전(趙王倫傳)

중국 춘추시대 진(晉)나라의 무제(武帝)가 죽자, 숙부인 사마륜(司馬倫)은 무제의 아들인 사마충(司馬衷) 혜제(惠帝)를 폐위하고 제위에 올라 모의에 가담한 많은 사람들에게 파격적인 벼슬을 내렸다. 당시 고위직은 관모에 담비(貂)꼬리와 매미(蟬)장식을 달았는데, 이를 초선관(貂蟬冠)이라고 불렀다. 그런데 벼슬을 남발한 탓에 담비꼬리가 부족하여 대신 개꼬리로 장식했다고 한다.

其餘同謀者咸超階越次, 不可勝記, 至於奴卒斯役亦加以爵位.
每朝會, 貂蟬盈坐, 時人爲之諺曰, 貂不足, 狗尾續.
기여동모자함초계월차, 불가승기, 지어노졸사역역가이작위.
매조회, 초선잉좌, 시인위지언왈, 초부족, 구미속.

나머지 공모자들에게도 모두 특별승진이 주어졌는데 너무 많아다 기록할 수 없으며, 노비나 심부름꾼까지도 벼슬을 주었다. 그래서 조회 때마다 초선관을 쓴 고관들이 가득 찼다. 이에 사람들이 "담비가 부족하니, 개꼬리로 잇는다"라고 말했다.

그 후 사마경(司馬冏)은 다른 황족과 함께 군사를 일으켜 사마충을 다시 황제로 옹립했다.[1]

---

1 이 난을 팔왕(八王)의 난이라고 하는데 관련된 황족이 8명인데서 유래한다. 진나라 멸망의 원인이며, 결국 오호십육국(五胡十六國) 시대로 넘어간다.

넛크래커(Nutcracker)는 호두를 양쪽으로 눌러 까는 도구를 말하는데, IMF 외환위기 직후 우리나라가 미국, 일본 등의 선진국에는 기술과 품질에서 뒤지고 중국, 동남아 등 후발 개도국에는 가격경쟁에서 불리함을 지적하기 위해 미국의 부즈 앨런 해밀튼(Booz Allen & Hamilton) 컨설팅사가 쓴 말이다.

사실은 우리나라가 가격경쟁에서 후발 개도국에 밀린 것이 어제오늘의 일이 아니다. 1980년대 중반부터 이미 중국을 비롯해 동남아 여러 나라의 공업화가 두드러지면서 봉제의류 및 신발, 완구 등 노동집약적 산업을 중심으로 생산시설을 해외로 이전하고 있었다. 약 10년 후인 1995년 말에는 섬유업체의 해외진출 공장의 수가 1,100개를 넘어섰다. 그리고 선진국의 보호무역주의 경향이 노골화하면서 해외로 나가는 업종은 더욱 다양해졌다. 1998년에 현대자동차가 미국에 처음 공장을 세운 후 현대자동차와 기아자동차는 현재 10개의 해외공장을 운영하고 있다. 삼성전자도 베트남과, 스페인, 중국 등에 총 38개의 생산거점을 거느리고 있다.

그런데 부즈 앨런 해밀튼 컨설팅사 보고서는 우리가 단순히 저비용 고효율 구조로 바꾸는 '비즈니스 엔지니어링'을 한다고 해서 재도약이 보장되는 것은 아니라고 하면서 선진국과의 지식격차를 해소해야 한다고 주장했다. 담비꼬리가 부족하다고 해서 단순히 개꼬리로 대신해서 될 일이 아니었다.

지식은 무엇을 말하는가? 피터 드러커(Peter Drucker)는 "일하는 방식을 개선함으로써 부가가치를 높이는 것"이 지식이라고 정의했다. 즉 업무수행에 활용되어 부가가치를 생산하는 과정에 기여할 수 있는 컨텐츠를 지식이라고 하면서, 21세기에는 조직이 보유한 지식을 활용하는 것이 매우 중요한 경쟁력이라는 것이다.

고장난명
孤掌難鳴
외로울 고　손바닥 장　어려울 난　울 명

한 손으로는 소리를 낼 수 없다. 즉 혼자서는 어떤 일을 할 수 없거나, 맞서는 사람이 없으면 싸움이 되지 않음을 비유하는 말이다. '일수독박 수질무성'(一手獨拍 雖疾無聲)이 변해서 된 말이다.

[출전] 한비자(韓非子)[1] 공명편(功名篇)

人主者, 天下一力以共載之, 故安. 衆同心以共立之, 故尊. 人臣守所長, 盡所能, 故忠. 以尊主主御忠臣, 則長樂生而功名成, 名實相持而成, 形影相應而立, 故臣主同欲而異使. 人主之患, 在莫之應, 故曰, 一手獨拍, 雖疾無聲.

인주자, 천하일력이공재지, 고안. 중동심이공립지, 고존. 인신수소장, 진소능. 고충. 이존주주어충신, 즉장락생이공명성, 명실상지이성, 형영상응이립, 고신주동욕이이사. 인주지환, 재막지응, 고왈, 일수독박, 수질무성.

군주는 세상이 힘을 합쳐 떠받들기 때문에 안정되고, 세상이 한마음으로 옹립하기 때문에 존귀해진다. 그러므로 신하들이 각자의 분야에서 최고의 능력을 발휘해 충성을 다한다. 이와 같이 군주가 높은 권위를 바탕으로 충신을 거느리면 즐거움이 오래 가고 공과 명예가 쌓인다. 명분과 실리가 서로 지켜주고 형상과 그림자가 상응하여 존재하듯이, 신하와 군주는 바라는 바는 같은데 역할이 서로 다를 뿐이다. 그런데 군주는 신하가 따르지 않는다고 걱정한다. "한 손으로는 박수를 쳐도 소리가 나지 않는다"고 한다.

1　한(韓)나라의 귀족이었던 한비(韓非)가 기원전 230년경에 쓴 책. 법가사상(法家思想)의 대표작으로 진시황의 정책은 한비의 법가사상을 따른 것이다. 원래는 본명과 책 이름이 모두 '한자(韓子)'였으나, 후세에 당(唐)나라의 한유(韓愈)도 한자(韓子)라고 불리게 되자 혼동을 피하기 위해 한비자라고 고쳐 불렀다.

흔히 하는 질문이다. 과장이나 차장에게 당신이 부장이나 이사라면 이 경우 일을 어떻게 처리할 것인지 스스로 반문해 보도록 한다. 임원들에게도 역시 같은 주문을 한다. 당신이 CEO라면 이 상황에서 무엇을 어떻게 하겠느냐고.

경영학의 구루 짐 콜린스(Jim Collins)는 1,000여 개의 기업을 조사한 후 좋은 기업을 위대한 기업으로 발전시킨 리더는 전략보다는 사람이 먼저라고 믿고 실천한 사람들이라고 하면서 다음과 같이 지적했다.[2]

(1) 그들은 공통적으로 사람을 먼저 정하고 나서 다음에 할 일을 생각했다. 팀에 적합한 사람들을 구축하는 것이 아니라, 누구인지를 먼저 생각했다. 비전, 전략, 조직체계 또는 전술은 그 다음이었다.

(2) 좋은 기업을 위대한 기업으로 발전시킨 리더들은 구성원을 판단하는 데 엄격했지만 그렇다고 해서 혹독하지는 않았다. 실적을 증대하기 위한 주된 전략으로 해고나 구조조정을 채택하지도 않았다. 이처럼 실적을 증대할 목적으로 해고를 택한 경우는 비교 기업들의 경우가 훨씬 많았다.

(3) 비교 기업들은 한 명의 천재와 천 명의 조직원으로 구성된 경우가 많았다. 즉 천재적인 두뇌를 가진 리더가 먼저 비전을 선포하고 이어서 뛰어난 직원으로 구성된 조직을 갖춘 후에 시간이 지나면서 그 비전을 실현했다. 그런데 그 한 명의 천재가 떠나고 나면 이 방식은 실패하고 말았다.

---

2 짐 콜린스, 이무열 옮김, 좋은 기업을 넘어 위대한 기업으로, 김영사, 2002.

형석양서
衡 石 量 書
저울대 형 돌 석 헤아릴 양 글 서

저울과 추로 무게를 달아 미리 문서의 양을 정해 놓는다는 뜻으로 그날 읽을 문서의 양을 정해 놓는 것을 비유하는 말이다.

[출전] 사기(史記) 진시황본기(秦始皇本紀)

중국 진(秦)나라의 시황제(始皇帝)는 중원을 통일한 후 스스로 황제라고 칭했다. 황제는 중국역사가 시작되었다는 설화 속의 3황5제(三皇五帝)에서 황과 제를 따서 만든 합성어이며, 시황제는 자신이 최초의 황제라는 의미이다. 그는 즉위 후 체제를 정비하고 만리장성과 함양궁(咸陽宮)[1]을 세웠으며, 자신이 불로장생할 수 있는 방법을 찾도록 신하들에게 명령했다. 이에 위협을 느낀 후생(侯生)과 노생(盧生)은 진시황이 고집은 세고 난폭하며 자기만 내세우는 데다가 제후에서 일어나 나라를 통일한 후에는 아무도 자신을 능가하는 자가 없다면서 자만하고 있음을 지적하고 다음과 같이 비판했다.

天下之事無小大皆決於上, 上至以衡石量書, 日夜有呈, 不中呈不得
休息. 於權勢至如此, 未可爲求僊藥.
천하지사무소대개결어상, 상지이형석양서, 일야유정, 불중정불득
휴식. 어권세지여차, 미가위구선약.

대소사를 모두 황제가 결정하므로 스스로 읽을 문서의 중량을 저울질해 하루치를 정해 놓고, 마치지 못하면 쉬지도 않는다. 이토록 권세를 탐하니 그를 위해 불로장생약을 찾아서는 안 된다.

---

1 진(秦)나라 황제의 궁전. 기원전 207년 항우(項羽)가 함양에 소실되었다.

소식이 커지게 되면 권한의 위임은 필연적이다. 권한의 위임이란 어떤 개인 또는 부서에 주어진 권한과 책임을 규정에 따라 다른 개인이나 부서에 이전하는 것을 의미한다. 권한의 위임이 적절하게 이루어지면 조직 전체의 효율성이 제고될 뿐만 아니라 구성원들에게 능력개발의 기회가 주어지고, 결과적으로 그들의 직무만족도가 상승한다. 수동적이며 지시를 기다리는 무사안일과 복지부동이 아니라 스스로 책임지는 자세와 능동적인 직무수행의 문화가 형성된다. 권한의 위임은 권한을 위임받은 구성원의 입장에서는 즐겁고 유쾌한 흥분을 불러일으키기 때문이다. 권한의 위임은 조직에 생명력을 부여하는 영양제가 될 수 있다.

그런데 많은 리더들이 권한의 위임에 대해 탐탁지 않게 보는 경향이 있다. 지기 싫은 책임은 달라지지 않는데 통제권을 포기해야 하는 상황을 원치 않기 때문이다. 따라서 리더가 저지르기 쉬운 실수 가운데 하나는 권한을 위임한 후에도 여전히 통제권을 놓지 못하는 문제이다. 위임이 합리적인 기준에 따라 적절하게 이루어졌다면 결과도 성공적일 것이라는 믿음과 시간을 두고 지켜보는 인내가 필요하다.

그렇다고 해서 아무렇게나 위임할 수 있는 것은 아니다. 첫째, 위임할 권한의 성격을 규정하고 그 범위를 선별하며 둘째, 피위임자의 직무와 능력이 업무를 수행하기에 적절한지 판단하고 셋째, 위임이 조직의 다른 규정과 상충되지 않도록 주의를 기울여야 한다.

권한의 위임이 적절하게 이루어지면 리더는 더 중요하거나 더 많은 일을 할 수 있는 시간적·정신적 여유가 생긴다. 직접적인 통제권이 없다고 해서 권위를 상실하는 것이 아니다. 또한 중간관리자의 책임 있는 의사결정이 가능해진다.

수지청즉무어
水 至 淸 則 無 魚
물 수 이를 지 맑을 청 곧 즉 없을 무 물고기 어

물이 너무 맑으면 물고기가 살 수 없다. 즉 사람이 너무 결백하면 사람들이
가까이하지 않음을 비유하는 말이다.

[출전] 후한서(後漢書) 반초전(班超傳)

중국 후한(後漢) 명제(明帝) 시절의 장수 반초(班超)는 무술이 뛰어
나 오랑캐 50여 개 부족을 정복하고 서역도호(西域都護)를 지냈다.
후임자로 온 임상(任尙)이 인수를 마치고 특별히 유의할 사항이 더
있는지 묻자 그가 다음과 같이 말했다.

水至淸卽無魚, 人至察卽無徒.
수지청즉무어, 인지찰즉무도.

물이 너무 맑으면 물고기가 살 수 없고, 사람이 너무 까다로우면
따르는 이가 없다.

임상이 매사에 엄하고 성격이 급하다는 점을 알고 백성을 너무
엄하게 다스리지 말고 작은 잘못은 용서하고 대범하게 처리하는 것
이 좋다는 뜻으로 한 말이었다. 그런데 임상이 충고를 따르지 않고
자기 소신대로 다스린 결과, 부임 후 불과 5년만에 부족들이 반란
을 일으켜 한나라의 지배를 벗어났다. 이어서 서역도호부도 폐지되
고 말았다. 공자도 제자 자장(子張)이 관직에 오르게 되어 스승에게
훌륭한 관리가 되는 방법에 대해 묻자 백성들이 작은 잘못을 저지
르면, 그의 좋은 점을 찾아서 그 허물을 용서하라고 말했다.[1]

---

1 民有小過, 必求其善, 以赦其過. 민유소과, 필구기선, 이사기과.

마키아벨리(Niccolò Machiavelli)는 '군주론'에서 "시위가 높아질수록 짊어져야 하는 기대는 다양해진다. 로마황제도 그만큼 힘든 자리였다. 일반적으로 민중은 조용하고 온화한 군주를 바라는 반면, 군대는 호전적이고 잔혹하고 탐욕적인 군주를 바란다. 그러므로 민중과 군대를 동시에 만족시키는 것은 극히 어렵다"고 말하면서 군주의 국가통치전략을 다음과 같이 기술했다.

"군주가 싸움에서 이기는 두 가지 수단은 법을 이용하는 것과 힘을 이용하는 것이다. 전자는 인간의 방식이고 후자는 짐승의 방식이지만 지위를 지키려면 인간의 방식과 짐승의 방식을 두루 사용해야 한다. 사자처럼 행동하는 것만으로도 능히 보위를 지킬 수 있다고 생각하면 어리석다. 함정에 빠지지 않으려면 여우가 되어야 하고, 늑대를 물리치려면 사자가 돼야 한다."[2]

이준관 시인의 '구부러진 길'이라는 시에는 따뜻함이 있다.

나는 구부러진 길이 좋다.
(중략)
구부러진 하천에 물고기가 많이 모여 살듯이
들꽃도 많이 피고, 별도 많이 뜨는 구부러진 길
구부러진 길은 산을 품고 마을을 품고 구불구불 간다.
그 구부러진 길처럼 살아온 사람이 나는 또한 좋다.
반듯한 길 쉽게 살아온 사람보다
흙투성이 감자처럼 울퉁불퉁 살아온 사람의
구불구불 구부러진 삶이 좋다.
구부러진 주름살에 가족을 품고 이웃을 품고 가는
구부러진 길 같은 사람이 좋다.

---

2 마키아벨리 지음, 강정인 · 김경희 옮김, 군주론, 까치글방, 2008.

위편삼절
韋編三絶
가죽 위 엮을 편 석 삼 끊을 절

책을 맨 가죽 끈이 세 차례나 닳아 끊어졌다는 뜻으로 책을 열심히 읽음을
비유하는 말로 쓰인다.

[출전] 사기(史記) 공자세가(孔子世家)

유럽에서는 그리스가 이집트로부터 파피루스를 전래받아 기원전
6세기부터 두루마리 형태로 책을 만들었다. 한편 고대 중국에서는
대와 나무를 길게 잘라 여러 개를 가죽 끈으로 엮어서 책을 만들었다.

孔子晚而喜易, 序彖繫象說卦文言. 讀易韋編三絶. 曰, 假我數年,
若是, 我於易則彬彬矣.
공자만이희역, 서단계상설괘문언. 독역위편삼절. 왈, 가아수년,
약시, 아어역즉빈빈의.

공자가 나이가 들어 주역을 좋아해서 단, 계, 상, 설괘, 문언을 썼
다. 공자가 주역을 반복해서 읽다가 책을 엮은 가죽 끈이 세 차례
나 끊어졌다. 공자가 말했다. "만약 내가 몇 년만 더 살 수 있다면
주역에 대해서는 빛나는 경지에 도달할 수 있을 것이다."

논어 술이편(述而篇)을 보면 초(楚)나라의 심제량(沈諸梁)이 제자
자로(子路)에게 공자가 어떤 인물인가를 물었는데, 자로는 대답을
하지 못했다. 이야기를 들은 공자는 "사람됨이 어떤 일에 열중하면
끼니마저 잊고, 이를 즐거워하여 근심을 잊어버리며 늙어가는 것도
모르는 사람이라고 대답하지 않았느냐?"[1]고 말했다고 한다.

1　汝奚不日其爲人也, 發憤忘食, 樂以忘憂, 不知老之將至云爾.
　여해불왈기위인야, 발분망식, 낙이망우, 부지노지장지운이.

공자가 주역을 실제로 몇 번이나 읽었기에 가죽 끈이 세 번씩이나 끊어졌을까? 만일 100번을 읽을 때마다 가죽 끈이 한 번씩 끊어진다고 가정하면 공자는 주역을 적어도 300번 이상 읽었다는 얘기이다. 놀라운 이야기가 아닐 수 없다.

흔한 말로 열 번 찍어 안 넘어가는 나무 없다고 한다. 긍정의 에너지와 남다른 열정이 느껴지는 말이다. 10퍼센트의 확률이라면 무슨 일이든지 성공하기 위해서는 10배의 노력이 필요하다는 교훈이다. 그런데 생각해보면 세상에는 이와 같은 10퍼센트의 법칙이 의외로 많다.

성균관대학교 시스템경영공학과 신완선 교수는 '리얼옵션'에서 이렇게 말한다. "내 인생에서 최고의 행운은 90을 현실에 투자한다면 10은 미래에 투자한다는 간단한 법칙을 발견한 것이다. 내가 가진 것 중 10퍼센트를 미래의 불안감을 줄이기 위해 사용한다. 비록 10퍼센트이지만 그것이 나의 미래를 송두리째 바꿔놓았다."

'데이모스(Deimos)의 법칙'이라고 있다. "사람들은 하루에 5~6만 가지의 생각을 한다. 그 중에서 90퍼센트는 쓸데없는 걱정이다. 또한 쓸데없는 걱정 가운데 90퍼센트는 어제 했던 걱정이다. 열심히 한 것 같지만 10퍼센트만이 제대로 한 일이다. 그러므로 10퍼센트만 잘 살려도 최고가 될 수 있다. 그러나 대다수의 사람들은 90퍼센트의 걱정에 매달려 시간을 허비한다."

영업을 해 본 사람들은 안다. 아무리 영업의 귀재요, 달인이라고 해도 가망고객의 전부를 고객으로 만들기는 불가능한 일이다. 업종에 따라 다르지만 개인을 상대로 하는 상품의 경우에는 일반적으로 10퍼센트라면 그리 나쁘지 않은 확률이다.

계구우후
鷄口牛後
닭 계 입 구 소 우 뒤 후

닭의 부리가 소의 꼬리보다 낫다. 즉 큰 조직의 말석을 차지하기보다 작은
조직의 우두머리가 되는 편이 더 좋음을 비유하는 말이다.

[출전] 사기(史記) 소진열전(蘇秦列傳)

중국의 전국시대 중엽, 동주(東周)에 소진(蘇秦)이라는 책사가 있
었다. 그는 강대국인 진(秦)나라를 두려워하는 주변 6개국에게 "싸
우지 않고 진나라를 섬긴다면 웃음거리가 될 것이다. 진나라는 앞
으로 계속해서 영토를 양보하도록 요구할 것이므로, 굴하지 않고
서로 힘을 합쳐 서쪽의 진나라를 공격하면 반드시 이길 수 있다. 6개
국이 남북, 즉 세로(縱)로 연합하는 합종책(合縱策)[1]으로 공수동맹을
맺어 진나라와 대항하자"고 설득했다. 특히 한나라의 선혜왕(宣惠
王)에게는 다음과 같이 설파했다.

> 臣聞鄙語曰, 寧爲鷄口, 無爲牛後. 今大王西面交臂而臣事秦,
> 何以異於牛後乎?
> 신문비어왈, 영위계구, 무위우후. 금대왕서면교비이신사진,
> 하이이어우후호?

> 제가 들은 속담에 닭의 부리가 될지언정 소의 꼬리는 되지 말라고
> 했습니다. 지금 대왕께서 서쪽의 진나라를 섬긴다면 소의 꼬리가
> 되는 것과 무엇이 다르겠습니까?

---

1 연횡책(連橫策)과 함께 묶어서 합종연횡책(合縱連橫策)이라고 부른다. 연횡책은 기원
전 317년에 소진이 암살된 후 6개국의 동맹을 깨기 위해 장의(張儀)가 주장한 전략으
로 진나라와 6개국이 각각 횡적으로 동맹을 맺는 것이다. 진나라는 연횡책을 실행에
옮겨 마침내 중국을 통일했다.

비스니스의 세계에노 소의 꼬티에 꼿시않은 닭의 부리는 일미든지 있다. 이른바 '히든챔피언'(Hidden Champion)이 그것이다. 히든챔피언은 독일의 헤르만 지몬(Hermann Simon)이 처음 사용한 용어로, 세계적인 경쟁력을 보유한 중소기업을 말한다. 히든챔피언은 기술력과 혁신을 바탕으로 시장지배력을 유지한다. 독일의 히든 챔피언들이 독일 전체수출의 절반가량을 차지하고 있다고 한다.

작은 기업들의 전유물이라고 할 수 있는 용어로 '퍼스트 펭귄'(First Penguin)이 있다. 이는 불확실하고 위험한 상황에서 용기를 내 먼저 도전하는 자를 가리키며 카네기멜론대학의 랜디 포시(Randy Pausch)가 처음 썼다. 무리 생활하는 펭귄이 먹잇감을 구하러 바다에 뛰어들 때 바다표범 같은 포식자들이 두려워 머뭇거린다. 이때 가장 먼저 바다에 뛰어들어 다른 펭귄들이 따라 뛰어들도록 이끄는 펭귄을 퍼스트 펭귄이라고 한다.

심리학자 맥시밀리언 링겔만(Maximilien Ringelmann)은 줄다리기 실험에서 집단 구성원들의 기여도가 어떻게 달라지는지 조사했다. 그는 힘을 측정하는 장치가 달린 줄을 설치한 뒤, 실험 참가자 각 개인의 당기는 힘을 측정했다. 다음에는 3명, 5명, 8명 등으로 구성원 수를 점차 늘려가며 집단 전체의 줄 당기는 힘을 측정했다. 개인의 힘의 크기를 100%라고 가정했을 때 구성원이 많아질수록 수치가 작아지는 것을 확인했다. 즉 집단의 줄 당기는 힘이 집단에 소속된 개인별 힘의 합계보다 작으며, 점점 더 그 격차가 커짐을 발견했다. 집단의 크기가 커질수록 도덕적 해이의 강도가 높아져 집단의 생산성이 점점 더 낮아지기 때문이다. 이를 '링겔만 효과'(Ringelmann Effect)라고 한다. 작은 기업이 유리한 이유이다.[2]

---

2 이한영, 너 이런 경제법칙 알아?, 21세기북스, 2016.

인일시지분 면백일지우
忍一時之忿 免百日之憂
참을인 한일 때시 갈지 성낼분 면할면 일백백 날일 갈지 근심우

한 순간의 화를 참으면 오랫동안 근심에서 벗어날 수 있다.

[출전] 명심보감(明心寶鑑)[1] 계성편(戒性篇)

제자 자장(子張)이 공자에게 수신(修身)에 가장 좋은 것을 한마디 말로 가르쳐 주기를 청하자 공자는 모든 행실의 근본은 참는 것이 으뜸이라고 대답했다.

忍一時之忿, 免百日之憂. 得忍且忍, 得戒且戒. 不忍不戒, 小事成大.
愚濁生嗔怒, 皆因理不通. 休添心上火, 只作耳邊風. 長短家家有,
炎凉處處同. 是非無相實, 究竟摠成空.
인일시지분, 면백일지우. 득인차인, 득계차계. 불인불계, 소사성대.
우탁생진노, 개인이불통. 휴첨심상화, 지작이변풍. 장단가가유,
염량처처동. 시비무상실, 구경총성공.

한 순간의 화를 참으면 오랫동안 근심하지 않아도 된다. 참고 또 참고 조심하고 또 조심하라. 참지 못하고 조심하지 않으면 작은 일이 크게 된다. 어리석고 우매한 자가 화를 내는 것은 모두 이치를 모르기 때문이다. 마음 위에 화를 더하지 말고 다만 귓가에 이는 바람으로 생각해라. 어느 집에나 장점과 단점이 있고 덥고 추운 것도 어디나 마찬가지다. 옳고 그름은 실상이 없으니 결국은 모두 다 텅 빈 것이 된다.

---

1 어린이들을 위해 중국 고전에서 뽑은 교훈이 될 만한 구절 163개 항목을 모아 편집한 책으로 천자문 다음의 교재로 이용되었다. '명심'이란 마음을 밝게 한다는 뜻이며, '보감'은 보물과 같은 거울로 교본이라는 뜻이다.

중국의 제(齊)나라 환공(桓公)은 포로로 잡힌 관중(官中)이 한 때 활을 쏘아 자신을 죽이려고 했었다는 사실을 알고 그를 사형에 처하려고 했다. 그러나 관중의 친구이자 신하인 포숙아(鮑叔牙)의 간청을 받아들여 관중을 살려주고 재상으로 기용했다. 관중은 이후 제나라의 국정을 개혁하고 부국강병을 실현했다. 환공이 한 때의 분노를 잘 참은 덕분이었다.

또 전국시대 초(楚)나라 장왕(莊王) 때의 일이다. 어느 날 연회를 하는데 갑자기 등불이 꺼져 사방이 깜깜해졌다. 그 사이 어떤 사람이 장왕의 시중을 들던 궁녀의 옷을 잡아당겨 희롱하려 하자 그 궁녀는 갓끈을 잡아서 끊어 버린 다음 장왕에게 말했다. "불이 꺼진 틈에 누군가 제 옷을 잡아당기기에 제가 그의 갓끈을 끊었으니 불을 켜고 그 사람을 찾아보세요." 이에 장왕이 말했다. "술을 마시고 취해서 실수를 했는데 어찌 선비를 욕보일 수 있겠는가. 오늘 나와 함께 술을 마시면서 갓끈을 끊지 않은 사람은 이 자리가 즐겁지 않은 것으로 생각하겠다." 그러자 백여 명의 신하가 모두 갓끈을 끊었고 연회는 끝까지 즐거운 분위기가 이어졌다.

3년 후, 이웃의 진(晉)나라와 전쟁이 났는데 한 장수가 선봉에 나서 용맹하게 싸운 덕에 초나라가 승리했다. 그 장수가 장왕 앞에 무릎을 꿇고 말했다. "저는 죽을 목숨이었습니다. 제가 연회 중에 술에 취해 실수를 했는데 왕께서 참고 목숨을 살려 주셨습니다. 제가 그날 밤 연회에서 궁녀의 옷을 잡아당겼다가 갓끈이 끊겼던 자입니다." 초나라 장왕은 일시적인 분노를 참은 덕에 자신의 생명과 나라를 적으로부터 구할 수 있었다.

"친구는 가까이에, 적은 더 가까이에 두어야 한다." 영화 '대부'에서 주인공 돈 콜레오네(Don Corleone)가 한 말이다.

교병필패
驕 兵 必 敗
교만할 교 병사 병 반드시 필 패할 패

교만한 군대는 반드시 패한다. 즉 아군의 세력이 크다는 것만 믿고 상대에게 위엄을 보이려 하면 실패할 수 있음을 비유하는 말이다.

[출전] 한서(漢書)[1] 위상전(魏相傳)

중국 한(漢)나라의 선제(宣帝) 때 흉노가 거사(車師) 땅에 쳐들어오자 군사를 일으켜 싸웠다. 그러나 흉노의 기병은 빠르고 강한데 비해 한나라의 군사력은 허약해서 처음부터 질 수밖에 없는 싸움이었다. 결국 패전의 위기에 빠지자, 한나라 장수들은 증원을 요청했다. 조정에서는 증원을 할지 말지를 놓고 토론이 이어졌는데, 승상인 위상(魏相)이 다음과 같은 논리로 반대했다.

> 恃國家之大, 矜民人之衆, 欲見威於敵者, 謂之驕兵, 兵驕者滅.
> 此五者, 非但人事, 乃天道也.
> 시국가지대, 긍민인지중, 욕견위어적자, 위지교병, 병교자멸.
> 차오자, 비단인사, 내천도야.

> 나라가 크다는 것을 믿고 인구가 많음을 자랑하여 적에게 위세를 보이기 위한 싸움을 교병이라고 하는데, 교병은 패배합니다. 이 다섯 가지[2]는 인간사일 뿐만 아니라 하늘의 도리이기도 합니다.

---

1 중국 전한(前漢) 제국의 역사를 기록한 책으로 서기 90년경 후한(後漢)의 반표, 반고, 반소 등 반씨 일족이 편찬했다.

2 교병(驕兵) 외에, 포악한 혼란을 끝내고 군주를 주살하기 위한 의병(義兵), 해를 끼쳐 부득이하게 일으키는 응병(應兵), 사소한 일로 참지 못하고 일으키는 분병(忿兵), 다른 이의 토지나 재산을 노려 일으키는 탐병(貪兵)을 말한다.

치열한 경쟁이 부한 반복되는 산업현상은 그야말로 약육강식, 적자생존과 같은 정글의 법칙만이 지배하는 세상이다. 한 순간도 방심할 수 없는 것이 경쟁의 속성이기 때문이다.

하나의 예를 들어보자. 다른 업종도 마찬가지이지만 지난 30여 년을 돌아보면 우리나라 시중은행들 사이에 수많은 부침이 있었다. 은행은 안정적이며 영원할 것처럼 보였지만, 실제로는 그렇지 않았다. 이런 저런 이유로 간판을 내린 은행만 해도 충북, 충청, 강원, 동화, 동남, 대동, 보람, 평화, 한일, 상업, 서울, 조흥, 한미, 제일, 외환 등 상당수가 있다.

금융감독원의 자료를 바탕으로 1995년부터 10년 주기로 각 연도 말 기준으로 대형 시중은행의 자산현황을 보면 아래의 표와 같다.

순위	1995년		2005년		2015년	
	은행명	총자산	은행명	총자산	은행명	총자산
1	외환	29.9	국민	176.9	하나	292.4
2	제일	27.5	우리	129.5	우리	291.9
3	조흥	26.3	하나	94.8	국민	290.3
4	국민	25.0	신한	77.5	신한	285.0

출처: 금융감독원 홈페이지, 단위: 조 원

순위 변동에 가장 큰 영향을 미친 것은 은행 간 합병이었다. 2015년에는 박빙의 승부였지만 순위[3]는 매번 달랐다. 언제나 그렇듯이 어제의 성공이 내일을 보장해 주지는 않는다. 그리고 승리는 하는 것보다 지키는 것이 더 어렵다.

---

3 은행의 규모를 나타내는 지표로는 총자산 외에도 여신, 수신, 영업점 수, 임직원 수, 주식의 시가총액 등 다른 여러 가지가 있다.

광이불요
光 而 不 耀
빛광 말이을이 아닐불 빛날요

빛나되 번쩍거리지 않는다. 즉 함부로 드러내놓고 자랑하지 않음을 비유하는 말이다.

[출전] 도덕경(道德經)[1]

노자(老子)[2]는 '언제나 맞는 것'은 세상에 존재할 수 없으므로 사람이 명예를 얻더라도 자랑하지 말고 처신을 조심해야 한다며 다음과 같이 말했다.

方而不割, 廉而不劌, 直而不肆, 光而不耀.
방이부할, 염이불귀, 직이불사, 광이불요.

반듯하지만 남을 해치지 않고, 날카롭지만 남을 상하게 하지 않으며, 성품이 곧지만 방자하지 않고, 밝게 빛나지만 과시하지 않는다.

그는 '예(禮)는 보여주어서도 안 되고 드러나서도 안 되는 것'이라고 가르치며 이렇게 덧붙였다.

不欲琭琭如玉, 珞珞如石.
불욕녹녹여옥, 락락여석.

옥과 같이 귀하게 되려 하지 말고 돌과 같이 담담해라.

---

1 기원전 4세기경 중국 도가철학의 시조인 노자(老子)가 지었다고 전해지는 책. 국가의 화합과 평안을 위한 삶의 길을 제시하는데 주력했다. 상편을 도경(道經), 하편을 덕경(德經)이라고 한다.
2 노자가 실제로 존재했는지에 대해서는 학자들 사이에서도 의견이 분분하다.

중국을 대표하는 명의로 유명한 편작(扁鵲)의 이야기이다. 어느 날 위나라 문왕(文王)이 편작에게 물었다. "그대의 두 형이 모두 의사라는데, 삼형제 가운데 누가 가장 뛰어난가?" 이에 편작은 "큰형이 가장 뛰어나고, 그 다음이 작은형이고, 제가 가장 모자랍니다"라고 하면서 자신을 상중하 중에 하라고 대답했다. 의사를 상의(上醫), 중의(中醫), 하의(下醫)로 나눈다는 말이 여기에서 유래했다. 그러자 문왕은 그 형제들은 이름도 알려져 있지 않은데 어떻게 해서 두 형이 편작에 비해 뛰어나다는 것인지 다시 물었다.

편작이 대답했다. "저는 환자가 병이 악화되어 목숨이 위태롭게 되어 찾아오면 그때 치료합니다. 생명을 구했으니 이름이 나는 것이 당연합니다. 그런데 작은형은 환자의 병이 위중하지 않을 때 더 이상 악화되지 않도록 다스립니다. 그러므로 사람들은 작은형의 의술이 얼마나 뛰어난지 잘 모릅니다. 그리고 큰형은 사람들이 아프기도 전에 이 사람이 장차 어떤 병에 걸릴지 알고 나쁜 생활습관을 바꾸도록 해 병에 걸리지 않도록 해주니 환자는 이러한 사실조차 몰라서 큰형이 명의로 알려지지 않은 것입니다."

화타(華佗)[3]와 함께 이름을 떨쳤던 편작은 지금도 명의의 상징으로 불린다. 편작이라는 단어가 뛰어난 명의를 뜻하는 보통명사로 쓰이기도 한다. 그럼에도 불구하고 언제나 겸손함을 잃지 않는 그의 자세는 사람들의 귀감이 된다. 이야말로 빛나되 번쩍거리지 않으며 함부로 드러내놓고 자랑하지 않음의 표본이라고 하겠다. 노자(老子)의 말이다. "도라고 부를 수 있는 것은 도가 아니며, 이름 붙일 수 있는 이름은 이름이 아니다."

---

3 중국 한나라 말기의 한의사로 수많은 사람들의 질병을 치료하고 목숨을 구해 무수한 미담을 남겼지만 조조의 전담 시의가 되기를 거절하여 처형되었다.

교정교태
交情交態
사귈교 뜻정 사귈교 모양태

사귐의 정과 태도. 즉 부귀한 때와 빈천한 때에 사람들이 서로 다르게 행동함을 비유하는 말이다.

[출전] 사기(史記) 급정열전(汲鄭列傳)

중국 한(漢)나라 때 재상인 급암(汲黯)과 정당시(鄭當時)가 높은 벼슬에 오르자 찾아오는 사람이 많았다. 그런데 두 사람이 파면되자 그 많던 사람들의 발길이 뚝 끊어졌다. 사마천은 이와 같이 위세를 떨칠 때에는 가깝게 지내려는 사람이 늘었다가도 세력을 잃자마자 모두 사라졌다고 하면서 권세와 이익만을 쫓는 세태를 꼬집었다.

下邽翟公有言. 始翟公爲廷尉, 賓客闐門, 及廢, 門外可設雀羅.
翟公複爲廷尉, 賓客欲往. 翟公乃人署其門曰, 一死一生, 乃知交情,
一貧一富, 乃知交態, 一貴一賤, 交情乃見.
하규적공유언. 시적공위정위, 빈객전문, 급폐, 문외가설작라.
적공복위정위, 빈객욕왕. 적공내인서기문왈, 일사일생, 내지교정,
일빈일부, 내지교태, 일귀일천, 교정내견.

하규의 적공이 말했다. 정위 벼슬에 오르자 손님이 문전성시를 이루다가, 자리에서 물러나자 대문 앞에 참새 그물을 칠 정도로 한산해졌다. 얼마 후 정위에 복직하고 찾아오는 손님이 많아지자 적공은 대문에 다음과 같이 써 붙였다. "죽었다가 살아나니 마침내 사귐의 정을 알겠고, 가난했다가 부를 얻으니 마침내 사귐의 태도를 알겠다. 귀하게 되었다가 천하게 되니 마침내 사귐의 정이 보였다."

찾아온 사람들이 이 글을 보더니 다들 말없이 돌아갔다고 한다.

충북 음성군에서 서얼로 태어난 반석평(潘碩枰)은 어려서 아버지를 여의고 한양 어느 이참판댁의 노비로 들어갔다. 노비였지만 어린 반석평은 몰래 공부를 했고, 그가 영특한 것을 안 이참판은 자기의 아들 이오성과 함께 학문을 가르쳤다.

그러나 노비로는 그의 재주를 살릴 수 없다고 생각한 이참판은 면천시켜 아들이 없던 부자인 반서린(潘瑞麟)에게 양자로 보냈다. 신분이 달라진 반석평은 중종 2년, 문과에 합격했다. 이어서 승진을 거듭한 그는 전라, 경상, 충청, 함경도 관찰사, 평안감사, 한성판윤을 거쳐 공조판서, 형조판서를 역임하고 지중추부사에까지 올랐다.

이렇게 성공한 반석평과는 반대로 이참판의 가문은 몰락했다. 아들 이오성은 과거에 번번이 실패하고 이참판이 죽자 가문은 더욱 기울었다. 어느 날 반석평이 형조판서일 때의 일이다. 거리를 지나다가 이오성이 거지꼴을 하고 있는 것을 발견하자 다가가 큰 절을 하며 인사했다. "어르신 저를 몰라보시겠습니까? 제가 옛날에 댁에 노비로 있던 반석평입니다." 지금은 출세했지만 그 옛날의 은혜를 잊지 않았던 것이다. 반석평의 인품에 감동한 다른 대신들이 간곡하게 건의를 한 덕분에 중종은 이오성에게 사옹원(司饔院)[1]의 벼슬자리를 내렸다. 사회적인 위치가 바뀌었다고 해서 무시하지 않고 예의를 갖추며 결과적으로 은혜를 갚은 반석평에게 이참판은 저승에서라도 크게 고마워하지 않았을까.[2]

자기가 대우받은 기억은 잊어도 무시당한 기억은 잊지 못하는 것이 인지상정이다. 있든 없든 잘하면 존경받는 리더가 된다.

---

1 조선시대 임금의 식사와 대궐 안의 식사 공급에 관한 일을 관장하던 관청.
2 이상각, 한국사인물열전, Daum.

윤집궐중
允執厥中
진실로 윤 잡을 집 그 궐 가운데 중

사람의 마음은 위태롭기 짝이 없는데 도를 지키려는 마음은 미미할 뿐이므로 꾸준히 집중해야 그 중심을 지킬 수 있다는 뜻이다.

[출전] 서경(書經)[1] 우서(虞書) 대우모편(大禹謨篇)

고대 중국의 요(堯) 임금이 순(舜) 임금에게 통치하는 방법으로 '윤집궐중'을 유언했다. 다시 순 임금이 12자를 보태 모두 16자로 만들어 우(禹) 임금에게 남겼는데, 이것이 이른바 '16자결'(十六字訣)이다.

人心惟危, 道心惟微, 惟精惟一, 允執厥中.
인심유위, 도심유미, 유정유일, 윤집궐중.

사람의 마음은 위태롭기 짝이 없어 도를 지키려는 마음이 미미하니 정성을 다해 일관성을 유지해야 진실로 그 중심을 잡을 수 있다.

논어(論語) 요왈편(堯曰篇)에는 윤집기중(允執其中)이라고 나온다.

堯曰, 咨爾舜, 天之曆數在爾躬, 允執其中. 四海困窮, 天祿永終, 舜亦以命禹.
요왈, 자이순, 천지역수재이궁, 윤집기중. 사해곤궁, 천록영종, 순역이명우.

요 임금이 말했다. 그대 순이여, 하늘의 운수가 그대에게 있으니 중심을 잡도록 하여라. 나라가 어려워지면 하늘이 내린 봉록도 영원히 끊길 것이다. 순 임금도 우 임금에게 이와 같이 명하였다.

---

1 유교 삼경(三經)의 하나로 성왕(聖王), 명군(名君), 현신(賢臣)이 남긴 어록을 엮은 책.

중국 북경에 있는 자금성(紫禁城)은 명나라와 청나라 때의 궁전이다. 자금성의 '자'(紫)는 별자리인 자미원(紫微垣)에서 유래한 것인데 중국인들은 옥황상제가 자미원에 살고 있다고 생각한다고 한다. '금'(禁)은 금지한다는 뜻이다. 당연하지만 허락 없이는 누구도 출입할 수 없다는 의미를 담은 것이다.

자금성에는 모두 7개의 문이 있는데, 정문의 이름은 오문(午門)이며, 흔히 아는 천안문(天安門)은 내성의 남문이다. 동서로는 약 753m, 남북으로는 961m, 총면적 72만m²에 이르고, 담장의 총연장이 약 4km에 달하는 이 세계 최대의 궁전을 짓기 위해 벽돌 1억만 개와 기와 2억만 개가 사용되었다. 800여 채의 건물에 모두 8,886개의 방이 있다. 10m의 높은 성벽을 깊이 6m, 너비 52m의 해자(垓子)로 둘러싸고 있는데, 1406년부터 1421년까지 15년 동안 20만 명의 인원이 동원되어 완성했다.

조카에게서 제위를 빼앗은 명나라의 영락제(永樂帝)는 몽골과 같은 대제국을 부활시킬 꿈을 꾸며 즉위한 지 4년 후부터 자금성을 건설하고 수도를 남경에서 북경으로 옮겼다. 자금성은 이후 5백년 이상 24명의 황제가 살던 중국 최고 권력의 중심이 되었다. 자금성 안에는 황제가 정전인 태화전(太和殿)으로 이동하는 중간에 잠시 쉬어가던 중화전(中和殿)이 있는데 옥좌 위에 황금색 바탕에 '윤집궐중'(允執厥中)이라고 쓴 편액이 걸려 있다. 황제로서 중심을 잃지 않아야 함을 상기하는 의미일 것이다.

CEO 역시 어떠한 난관을 만나더라도 꾸준히 집중해서 중심을 잡고 앞으로 나아가면서 자신의 경영철학과 원대한 비전을 임직원들과 기탄없이 공유할 수 있어야 한다. 이것이 리더십의 근간이다.

제 2 부

이기는 전략

전략(戰略)의 사전적 의미는 싸울 전(戰)과 다스릴 략(略)이 합해져 "싸움을 다스린다"는 것이다. '군대를 이끈다'는 뜻을 가진 그리스어 'strategos'에서 유래한 영어 strategy는 어원으로 미루어 볼 때 '특정한 목표를 달성하기 위해 계획을 세운다'는 의미와 관련되어 있다. * 따라서 전략은 군대의 지휘관이 자신의 역량을 발휘해서 보유하고 있는 물적·인적 자원을 효율적으로 배분함으로써 전쟁에서 승리하기 위한 계획이라고 해석된다. 경영에서 전략은 일반적으로 차별화를 통해 경쟁에서 승리할 수 있는 '경쟁적 우위'를 확보하기 위한 계획을 말하며, 환경의 변화에 따라 지속적인 검토 및 수정이 이루어져야 한다.

* 강준만, 재미있는 영어 인문학 이야기 3, 인물과사상사, 2017.

수주대토
守株待兔
지킬 수 그루 주 기다릴 대 토끼 토

그루터기를 지키며 토끼를 기다린다. 즉 노력은 하지 않고 우연한 행운만을 기대하는 어리석음을 비유하는 말이다.

[출전] 한비자(韓非子) 오두편(五蠹篇)[1]

중국 송(宋)나라에 한 농부가 있었다.

> 田中有株, 兎走觸株, 折頸而死. 因釋其耒而守株, 冀復得兎, 兎不可復得, 身爲宋國笑.
> 전중유주, 토주촉주, 절경이사. 인석기뢰이수주, 기복득토, 토불가복득, 신위송국소.

밭 가운데 그루터기가 있었는데, 토끼 한마리가 뛰어가다가 그루터기에 부딪혀 목이 부러져 죽었다. 농부는 밭 갈던 쟁기를 내려놓고 나무 그루터기를 지키며 다시 토끼가 잡히기를 기다렸지만, 잡지 못하고 결국 세상 사람들의 웃음거리가 되었다.

한비의 의도는 구시대의 낡은 관습만을 고집하여 변화된 새 시대의 상황을 반영하지 못하는 것을 말하기 위한 것이었지만, 지금은 노력은 하지 않으면서 행운만을 기대하는 어리석음을 비유하는 말로 쓰이고 있다.

---

1 한비자(韓非子)는 학자(學者), 논객(論客), 협사(俠士), 측근(側近), 상공인(商工人) 등 다섯 부류의 사람들을 나라를 좀먹는 벌레와 같은 존재라고 생각하고, 이들을 '오두'(五蠹)라고 불렀다.

'무엇' 즉 업종을 선택하는 기준을 무엇일까? 짐 콜린스(Jim Collins)는 위대한 기업이 되기 위해 필요한 공통점을 알아내기 위해 1,000여 개의 기업을 분석한 결과 다음과 같은 세 가지의 질적 요인을 밝혀냈다고 한다.[2]

첫 번째로 필요한 것은 열정이다. 스스로가 좋아하고 즐기며 다른 사람들도 똑같이 경험해 보기를 원하는 상품이나 서비스를 선택한다. 팔려고 하는 상품이나 서비스를 나도 좋아하지 않는데 소비자들이 열광하기를 어떻게 기대할 수 있을까?

두 번째로 그 분야에서 만큼은 최고가 될 수 있는 잠재력이 있는 상품이나 서비스를 선택한다. 지금은 아니더라도 계속해서 노력하면 언젠가는 최고가 될 수 있는 잠재력을 말한다. 이에 대한 객관적 판단이 필요하다면 소비자를 대상으로 간단하고 비용이 적게 드는 시장조사를 하는 것이 좋다. 소비자는 언제나 정직하기 때문이다.

세 번째 성공요인은 판매하는 상품이나 서비스의 수익률이 매우 높을 뿐만 아니라 시장규모가 충분히 큰 업종을 선택하는 것이다. 시장조사를 통해 잠재적 고객이 상품이나 서비스를 구매할 의향이 있는지, 얼마나 지불할 용의가 있는지 알아야 한다. 동일한 시장이 이미 존재한다면 품질, 속도와 가격 면에서 경쟁력이 있는지 확인해 볼 필요가 있다.

사업은 복권을 사는 것이 아니다. 요행을 기다리기보다는 수많은 질문, 폭넓은 조사와 깊이 있는 분석을 통해 확실한 대답을 찾아야 한다.

---

2 짐 콜린스, 이무열 옮김, 좋은 기업을 넘어 위대한 기업으로, 김영사, 2002.

약롱중물
藥 籠 中 物
약약 대바구니롱 가운데중 물건물

원래의 뜻은 약상자 안의 물건인데, 상비약처럼 언제나 곁에 두어야 할 만큼 꼭 필요한 인재나 심복을 비유하는 말이다.

[출전] 당서(唐書) 원행충전(元行沖傳)

측천무후(則天武后)는 당(唐)나라 태종(太宗)의 후궁을 거쳐 황후가 되었다. 태종이 죽자 비구니가 된 그녀를 고종(高宗)의 왕황후(王皇后)가 다시 궁으로 불러왔다. 그녀는 음모를 꾸며 왕황후도 쫓아내고 다시 황후가 되었다. 그 후 고종과 함께 수렴청정을 하다가 중종과 예종을 내세웠지만 이내 폐위하고, 스스로 제위에 올랐다. 당시 적인걸(狄仁傑)이라는 재상은 측천무후를 도와 정치를 바로잡고 민생을 안정시켜 백성들로부터 존경을 받았다. 다음은 그의 문하에 있던 원담(元澹)[1]과의 일화이다.

> 嘗謂仁杰曰, 下之事上, 譬富家儲積以自資也. 門下充旨味者多矣, …
> 願以小人備一藥石, 可乎. 仁杰笑曰, 君正吾藥籠中物, 不可一日無也.
> 담위인걸왈, 하지사상, 비부가저적이자자야. 문하충지미자다의, …
> 원이소인비일약석, 가호. 인걸소왈, 군정오약롱중물, 불가일일무야.

원담이 적인걸에게 말했다. 아랫사람과 윗사람의 관계는 비유하자면 부잣집에 쌓아 놓은 재물과 같습니다. … 댁에는 맛있는 것이 가득 차 있으니 저를 쓴 약으로 구비해 두시기를 바랍니다. 적인걸이 웃으며 말했다. 자네야말로 바로 내 약상자 안의 물건이네. 하루라도 곁에 없어서는 안 되지.

---

1 자는 행충(行沖)으로 자신을 직언을 하는 사람이라는 뜻으로 '몸에 쓴 약(藥)'으로 표현했다고 한다.

한 가지의 상품 또는 사업에만 집중하는 경우 예기치 않은 일로 수요가 격감하면 위기에 봉착할 수 있기 때문에 상품 또는 사업을 다각화함으로써 위험은 회피하고 이익은 극대화하는 것이 일반적이다. 이와 같이 어떤 상품 또는 사업이 시장에서 차지하는 위치를 파악하고 확대, 유지 또는 축소 내지는 제거 여부를 결정하기 위한 기업의 전략을 '포트폴리오 전략'(Portfolio Strategy)이라고 한다.

보스턴컨설팅그룹(BCG)이 개발한 '상품 포트폴리오 전략'(PPM: Product Portfolio Management)을 보자. PPM은 시장성장률과 시장점유율이라는 두 가지 요소를 표시한 도표를 사용하여, 상품 또는 사업을 분류하고 적절한 자원배분을 위한 대응전략을 취하도록 해준다. 기업의 지속적인 성장을 위해서는 전사적 관점에서 다양한 상품이나 사업의 조합을 검토하여 자금흐름의 최적화를 도모하는 한편 현재 수익성이 좋은 사업뿐만 아니라 아직은 수익이 저조하더라도 미래 성장가능성이 높은 사업에도 적절한 자원을 전략적으로 투입할 필요가 있다는 것이다.[2]

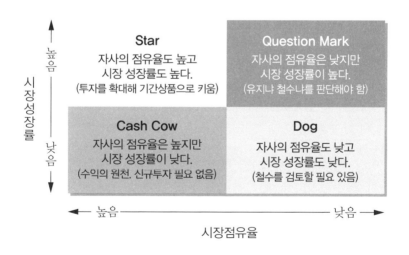

---

2 미츠코시 유타카 지음, 유준칠 옮김, BCG의 6가지 성공전략, 이지북, 2005.

당국자미
當局者迷
마땅 당 판 국 놈 자 미혹할 미

바둑을 두는 사람보다 곁에서 훈수두는 사람이 수를 더 잘 본다. 즉 어떤 일을 직접 담당하는 사람보다 옆에서 보는 사람이 사리 판단에 더 정확할 수 있음을 비유하는 말이다.

[출전] 당서(唐書) 원행충전(元行沖傳)

중국 당(唐)나라 현종(玄宗)이 대신 위광(魏光)의 건의를 받아들여 원담(元澹), 범행공(范行恭), 시경본(施敬本) 등에게 예기(禮記)의 주석본을 새로 쓰도록 지시했다. 그런데 이들이 주석본을 겨우 완성하자마자, 우승상 장열(張說)이 기존의 주석본도 좋은데 이제 와서 굳이 새로 만들 필요가 뭐가 있느냐고 했다. 이에 원담이 기존의 주석본보다 자신들이 쓴 주석본이 더 뛰어나다고 하면서 다음과 같이 말했는데, 이 구절이 나중에 '당국자미 방관자명'(當局者迷 傍觀者明)으로 변했다고 한다.

當局稱迷, 傍觀見審.
당국칭미, 방관자심.

당사자는 일에 대해 잘 알지 못하지만, 옆에서 보는 사람은 자세히 살필 수 있다.

여산진면목(廬山眞面目)도 비슷한 의미인데, 경치가 빼어나지만 산이 높아 항상 구름에 가려 있는 중국 강서성(江西城)의 여산(廬山)에 빗대어 아름다운 산의 참 모습을 알 수 없는 것은 자신이 그 산속에 있기 때문이니 사물의 본질을 깨닫기가 그만큼 어렵다는 내용으로 당송팔대가의 한 사람인 소동파(蘇東坡)의 시에서 쓰인 표현이다.

로널드 헤이페츠(Ronald Heifetz)가 쓴 비유 중에 '댄스플로어와 발코니 이론'이 있다. "커다란 연회장에서 춤을 추는 사람은 전체를 보지 못하므로 전체를 보기 위해서는 발코니로 올라가야 한다. 그런데 춤을 추려면 플로어에 있어야 한다. 즉 각각의 이점을 살리려면 댄스플로어와 발코니에 모두 가봐야 한다"는 것이다.[1] 그런데 경영현장에서는 리더는 때때로 춤을 추고 있는 당사자이며, 사람들은 자기가 보고 싶은 것만 보며, 듣고 싶은 것만 듣는 경향이 있으므로 발코니에는 다른 사람을 올려 보내는 것이 현명할 수도 있다.

기업은 객관적인 시각을 가지고 훈수를 두거나, 발코니에 올라가 전체를 보고 경영진과 주주에게 상황과 대책을 전달해주는 역할을 하도록 내부감사제도를 운영하지만 그것만으로는 충분치 않다. 내부감사는 업무수행 중에 발생한 오류와 부정행위 등에 초점을 맞추고 있을 뿐만 아니라 조직이 처한 현실을 너무 잘 알고 있으므로 상황적 한계를 예단하기 쉽기 때문에 전략적 제안을 도출하기 어렵다.

이러한 단점을 보완하고 객관적인 시각을 유지하며 업무의 전문성을 발휘할 수 있는 수단으로 '동료평가'(Peer Review)와 외부 컨설팅을 활용할 수 있다. 동료평가는 다른 지역 또는 계열사의 직원들 가운데 동일한 직무를 담당하는 책임자를 검사 인력으로 투입하는 방법으로 비용효율적이며, 특히 전문성이 강조되는 분야에 효과적이다. 외부 컨설팅은 외부 전문가 집단에게 진단과 함께 개선방안에 대한 제안을 의뢰하는 방법으로 객관적인 평가와 넓은 시야가 장점인 반면 기업 및 상품에 대한 이해가 부족할 수 있으며 비용이 많이 소요되는 단점이 있다. 따라서 실정에 맞는 방법을 현명하게 선택해야 한다. 내게 맞는 옷이 가장 좋은 옷이다.

---

1 로널드 하이페츠 지음, 김충선·이동욱 옮김, 하버드케네디스쿨의 리더십수업, 더난출판사, 2008.

지피지기 백전불태
知彼知己　百戰不殆
알지 저피 알지 몸기 일백백 싸울전 아닐불 위태할태

상대를 알고 나를 알면 백 번 싸워도 위태롭지 않다.

[출전] 손자(孫子)[1] 모공편(謀攻篇)

손자병법은 전쟁에 이기기 위한 전술을 기술한 책이다. 그런데 손자는 결코 백전백승을 최선이라고 말하지 않고 오히려 싸우지 않고 이기는 것이 승리의 으뜸이라고 했다. 싸우지 않고 승리할 수만 있다면 이보다 더 좋을 수는 없을 것이다. 그래서 군대는 싸울 때 계략을 활용하는데, 이를 위해서는 적에 대한 정보가 필수적이며, 적을 알고 나를 아는 것이 싸움에서 이기는 길이라고 주장했다.

知彼知己, 百戰不殆. 不知彼而知己,
一勝一負. 不知彼不知己, 每戰必殆.
지피지기, 백전불태. 부지피이지기,
일승일부. 부지피부지기, 매전필태.

적을 알고 나를 알면 백번 싸워도 위태롭지 않다. 적을 모르고 나를 알면 승패의 확률은 반반이다. 적을 모르고 나도 모르면 싸울 때마다 반드시 위태롭다.

1　중국의 병법서로 흔히 손자(孫子), 오자((吳子), 육도(六韜), 삼략(三略), 사마법(司馬法), 위료자(尉繚子), 이위공문대(李衛公問對)의 무경칠서(武經七書)를 든다. 이 가운데 손무(孫武)가 쓴 손자병법은 기원전 480년경에 쓰인 가장 오래된 군사 고전으로 전략뿐만 아니라 인사에 관한 내용도 많이 포함되어 있다.

하버드 경영대학원 교수인 데이비드 콜리스(David Collis)가 발표한 '린 전략'(Lean Strategy)에 따르면 스타트업을 영위하는 사람들에게 필요한 것은 전략의 유연성이라고 한다. 여기서 유연성이란 기업가정신에서 비롯되는 것으로 환경에 알맞은 유연한 전략적 사고를 의미한다. 이 전략은 초경쟁 시대를 전제로 한다. 이러한 시대에 'A/B Test'와 같이 시장실험을 통한 철저한 제품계획의 수립이 항상 유용하다고 할 수만은 없다. 그 이유는 제품이 시장에 출시되었을 때에는 이미 시장환경이 변할 수 있기 때문이다. 대기업의 경우는 장기적인 전략적 접근이 유리할 때가 있지만, 작은 규모의 벤처기업은 규모의 이점을 살려 환경의 변화에 빠르게 대응할 수 있으므로 대기업처럼 행동할 필요가 없는 것이다. 물론 업종과 규모에 따라 전략이 다를 수 있다.

그런데 경쟁사의 미래 전략을 포함하여 기업환경의 변화를 정확하게 예측하기 쉽지 않다면 어쩔 수 없이 시행착오를 통해 찾아가게 된다. 시행착오를 통한 전략 수립 시 중요한 것은 바로 방향성이다. 방향성이란 유연성 속에서도 잃지 말아야 할 조직의 일관성으로, 작게는 제품 단위, 크게는 전사적 비전이나 정체성으로 표현될 수 있다. 예를 들면, Ben & Jerry의 "점진적인 사회변화를 추구하고 직원과 주주에게 똑같이 공정한 보상을 줄 수 있도록 세계 최고의 아이스크림을 만든다"와 같이 변화를 받아들이면서도 조직원들이 공유하고 지켜야 할 방향성을 분명히 하는 것이다. 결국 린 전략의 성공 여부는 변화하는 환경에 얼마나 유연하게 대처하는지와 채택한 방향성이 얼마나 매력적인지에 달려 있다.[2]

---

2 이승준, http://blog.naver.com/tmdwns4395/220958051566.

다기망양
多 岐 亡 羊
많을 다 갈림길 기 잃을 망 양 양

길이 여러 갈래여서 양을 찾지 못하고 잃어버렸다. 즉 학문하는 길이 너무
많아 진리에 도달하기 어려움을 비유하는 말이다.

[출전] 열자(列子)[1] 설부편(說符篇)

양자(楊子)[2]의 이웃집에서 양 한 마리를 잃었다. 많은 사람들이 양
을 찾아 나섰다. 왜 그렇게 많은 사람들이 찾아 나서는지 의아해하
며 양자가 양을 찾지 못하고 돌아온 이웃집 주인에게 물었다. 그는
갈림길이 너무 많아서 어디로 갔는지 알 수가 없었다고 대답했다.
이 말을 들은 양자는 안색이 우울하게 변했다. 제자들이 양은 가축
에 불과하며, 스승님의 소유도 아닌데, 무슨 까닭인지 이상해서 물
었다. 양자는 대답하지 않았지만 제자 심도자(心都子)는 다음과 같
이 이해했다.

> 大道以多歧亡羊, 學者以多方喪生. 學非本不同, 非本不一,
> 而末異若是. 唯歸同反一, 爲亡得喪.
> 대도이다기망양, 학자이다방상생. 학비본부동, 비본불일,
> 이말이약시. 유귀동반일, 위망득상.

큰 길에 갈림길이 많아서 양을 잃는 것처럼 공부하는 사람은 방법
이 많아서 삶의 방향을 잃는다. 학문도 근본은 다르지 않고 하나
인데, 끝에 가서 달라지는 것이 이와 같다. 그러나 결국은 모두
하나로 돌아가고 얻는 것도 잃는 것도 없게 된다.

---

1 기원전 4백년경에 쓰인 도가(道家)의 책. 노자, 장자와 함께 도가(道家)의 3대 경전으
로 꼽힌다.
2 전국시대 초기 도가의 사상가로 극단적인 이기주의와 쾌락주의를 주장하면서 그가

CEO의 책상 위에는 신품과 서비스의 구성, 원가계 구매, 제조공정, 가격정책, 경쟁전략 등 수없이 많은 의사결정 과제가 산적해 있다. 경영은 전략에 다름 아니다. 전략은 원하는 목표에 도달하기 위한 최적의 방법이며, 주어진 조건이나 환경에서 조직의 정책에 부합하도록 인력과 자원을 조합하는 행위에 대한 의사결정을 의미한다. 어떻게 해야 바른 길을 찾을 수 있을까?

헨리 민츠버그(Henry Mintzberg)는 전략기획보다 CEO의 전략적 사고가 더욱 중요한데, 왜냐하면 새로운 전략을 수립함에 있어서 수량화가 가능한 경제적인 것만 치중할 것이 아니라 수량화가 어려운 사회·정치적 요인들을 포함시켜야 하기 때문이라고 한다.[3] 또 '전략 사파리'에서는 전략은 기획실의 전유물이 아니라고 말하며 숫자에 충실한 계획과 전략은 직원들의 창의성과 헌신을 억제하고 새로운 통찰의 기회마저 빼앗는다고 주장한다.[4]

유명한 얘기지만, 조립가구 유통업체 이케아(IKEA)는 이케아의 한 배달 직원이 의자 완제품이 다른 제품으로 꽉 찬 운송 트럭에 들어가지 않자 의자다리를 해체해 실은 사실에서 착안해 조립가구 생산을 시작한 것이다. 실무진이 건의하는 전략의 중요성을 강조하는 사례이다.

그러므로 CEO는 임직원들이 자발적으로 혁신을 생각하고 논의할 수 있는 창의적인 환경을 만들고, 끊임없는 자극과 동기부여를 통해 구성원들의 열정을 이끌어낼 수 있는 분위기를 조성해야 한다. 미래의 먹거리를 발굴하고 기업을 성공으로 이끄는 참신한 전략은 기획실의 책상이 아니라 현장을 뛰는 실무자의 머리에서 나온다.

"털 한 올을 뽑아 온 세상이 이롭게 된다고 하더라도 나를 위한 것이 아니면 하지 않겠다"(拔一毛而利天下不爲)라고 한 말은 유명하다.

3 헨리 민츠버그, 성현정 옮김, MBA가 회사를 망친다. 북스넛, 2009.

4 헨리 민츠버그, 윤규상 옮김, 전략 사파리, 비즈니스맵, 2012.

교주고슬
膠柱鼓瑟
아교 교 기둥 주 북 고 큰 거문고 슬

거문고의 줄을 괴는 기러기발을 아교로 붙여 놓아 움직일 수 없는 상태에서 연주한다.[1] 즉 융통성이 없음을 비유하는 말이다.

[출전] 사기(史記) 인상여전(藺相如傳)

　중국의 전국시대 조(趙)나라의 명장 조사(趙奢)가 죽자 진(秦)나라가 조나라 국경을 침략했고, 조나라는 장군 염파(廉頗)를 보내 방어했다. 진나라 군대가 계속해서 공격을 퍼부었지만 염파는 전혀 응하지 않으면서 성문을 굳게 닫고 지키기만 했다. 진나라는 염파가 있는 한 이길 수 없다고 판단하고, 염파를 제거할 목적으로 진나라가 두려워하는 것은 염파가 아니라 조사의 아들 조괄(趙括)이라고 헛소문을 퍼뜨렸다. 조나라 효성왕(孝成王)이 진나라의 계략에 넘어가 조괄을 장군으로 임명하려고 하자 신하 인상여(藺相如)가 반대했다.

　　王以名使括, 若膠柱而鼓瑟耳. 括徒能讀其父書傳, 不知合變也.
　　왕이명사괄, 약교주이고슬이. 괄도능독기부서전, 부지합변야.

　왕께서는 이름만으로 조괄을 기용하려 하시는데, 이는 거문고의 기러기발을 붙여 놓고 거문고를 연주하는 것과 같습니다. 조괄은 아버지가 남긴 병법을 읽었을 뿐 임기응변을 모릅니다.

　인상여의 반대에도 불구하고 장군에 임명된 조괄은 진나라에 크게 패했으며, 그 결과 조나라는 쇠퇴하였고 마침내 멸망하고 말았다.

1　거문고는 오동나무로 만든 울림통 위에 기러기발을 세우고, 그 위에 명주실을 꼬아 줄을 얹는다. 연주를 시작하기 전에 먼저 거문고 줄을 고르게 되는데, 이때 기러기발의 위치를 움직여 음을 잡는다.

프랑스 INSEAD 경영대학원의 교수인 김위찬 박사와 르네 마보안(Renée Mauborgne)은 30개 산업을 100년간 추적 조사하여 150개의 전략적 이동을 분석한 결과를 바탕으로 '블루오션 전략'이라는 책을 냈다. 그들은 여기에서 기존의 경쟁시장인 피 흘리는 레드오션에서 가치혁신을 통해 새로운 창조적 시장인 블루오션으로 나아갈 수 있는 전략과 방법을 제시했다.[2]

블루오션은 현재 존재하지 않아서 경쟁이 없는 모든 산업을 말한다. '블루오션 전략'은 기업이 성공하기 위해 경쟁이 없는 독창적인 비경쟁부문을 창출함으로써 레드오션에서 벗어나 새로운 기회에 도전하는 경영전략이다. 블루오션에서 시장 수요는 경쟁을 통해 얻는 것이 아니라 창조를 통해 얻는다.

비경쟁부문을 찾아내는 도구로 '전략 캔버스'를 이용한다. 제품이나 서비스의 여러 가지 속성을 가로축에, 품질이나 서비스의 정도를 세로축으로 설정해서 기업의 전략을 꺾은선 그래프 형태로 나타낸다. 이와 같이 시장 참가자들의 경쟁 요소를 정리하고, 자사의 차별화 전략을 세울 수 있다. 이어서 네 가지 액션 프레임워크를 활용한다. 당연하게 받아들이는 요소 가운데 제거하거나, 줄이거나, 늘리거나, 창조할 수 있는 요소가 각각 무엇인지 파악함으로써 고객의 요구에 부응하는 새로운 가치곡선을 도출하는 데 도움이 된다. 이 분석을 토대로 '네 가지 체계화원칙'[3] 및 '전략실행을 위한 두 가지 원칙'[4]을 적용하면 성공적인 블루오션 전략을 추진할 수 있다고 한다.

---

2 김위찬, 르네 마보안 지음, 강혜구 옮김, 블루오션 전략, 교보문고, 2005.
3 1. 시장 경계선을 재구축한다. 2. 숫자가 아닌 큰 그림에 초점을 맞춘다. 3. 비고객을 찾는다. 4. 정확한 전략적 시퀀스를 만든다.
4 1. 조직상의 주요 장애를 극복한다. 2. 전략실행을 전략화 한다.

영과후진
盈科後進
찰영 과목과 뒤후 나아갈진

물은 흐르다가 웅덩이를 만나면 웅덩이를 먼저 채우고 나서야 다시 앞으로 흘러나간다. 즉 무엇이든지 기본적인 것을 먼저 수행한 뒤에 다음 단계로 나아가야 함을 비유하는 말이다.

[출전] 맹자(孟子) 이루 하편(离婁下篇)[1]

맹자(孟子)의 제자 서벽(徐僻)이 맹자에게 "공자는 물에 대해 매우 자주 언급하였는데, 물과 관련해서 깨달은 것이 대체 무엇입니까?" 라고 질문하자 맹자는 다음과 같이 대답했다.

> 原泉混混,[2] 不舍晝夜, 盈科而後進,[3] 放乎四海. 有本者如是,
> 是之取爾. 苟爲無本, 七八月之間雨集, 溝澮皆盈, 其涸也.
> 可立而待也. 故聲聞過情, 君子恥之.
> 원천혼혼, 불사주야, 영과이후진, 방호사해. 유본자여시,
> 시지취이. 구위무본, 칠팔월지간우집, 구회개영, 기학야.
> 가립이대야. 고성문과정, 군자치지.

발원지에서 솟은 물은 흐르고 흘러 낮이나 밤이나 그치지 않고 웅덩이를 채우고 나서 앞으로 흘러나가 마침내 바다에 이르게 된다. 근본이 있는 것은 이와 같아 그 점을 언급한 것이다. 만약 근본이 없으면 여름에 내린 비가 모여서 도랑을 모두 채우더라도 얼마 못 가 그만 말라버린다. 서서 기다려도 될 정도이다. 따라서 군자는 명성이 실제보다 지나침을 부끄러워하는 것이다.

---

1 이루(离婁)는 눈이 매우 밝다는 전설상의 인물로, 이루편에서는 인의(仁義)와 효양(孝養), 반성(反省) 등을 논하고 있다.
2 혼혼(混混)은 물이 그치지 않고 흘러가는 모양을 나타내는 의태어이다.
3 과(科)는 웅덩이를 말한다.

해리포터(Harry Potter) 시리즈는 1997년 영국에서 처음 출판되었다. 조앤 롤링(Joanne Rowling)이 '해리포터와 마법사의 돌'을 출간하고 19년 동안 모두 8권의 책을 냈다. 해리포터 시리즈는 지금까지 79개 언어로 번역돼 전 세계에서 4억 5,000만부가 팔렸다. 인세 수입만 해도 약 1조 3,100억 원에 달한다. 2001년부터 만들어진 영화는 약 8조 6,240억 원의 흥행수익을 올렸다. 해리포터가 이렇게 큰 성공을 거둘 수 있었던 것은 책을 읽는 독자와 영화를 보는 관객 등 고객과 끈끈한 유대감을 형성하면서 브랜드 충성도를 확보했기 때문이라고 하기도 한다. 새 시리즈가 나올 때마다 고객들의 해리포터에 대한 열정이 강화된 한편 새로운 고객을 끌어들여 고객층이 두터워진 것이다.

이와 같이 해리포터가 독자들과 함께 나이 들어가는 점에 착안한 학자가 있었다. 'Harvard Business Review'가 2007년 2월호에 소개한 '올해의 혁신 아이디어'의 주인공인 프랑스 HEC 경영대학원의 프레데릭 달사세(Frederic Dalsace) 교수팀이다.

프레데릭 달사세 교수팀은 고객층이 나이 들어감에 따라 함께 성숙해가는 브랜드를 키워야 한다는 '해리포터 마케팅'을 주장했다. 즉 출생부터 죽을 때까지 한 브랜드와 유대관계를 형성함으로써 나이가 들수록 더 많은 고객을 끌어들일 수 있으므로, 항상 새로운 고객을 창출해야 한다는 고정관념을 탈피해 특정한 계층의 고객과 영원히 함께 한다는 전략이다. 일반적으로 브랜드는 특정 연령을 목표시장으로 정하고 그들을 고정 고객으로 만드는 데 주력하는 반면 해리포터 마케팅은 특정 시기에 태어난 고객을 목표로 그들과 함께 성장하는 것이다. 특히 식음료, 보건, 의류, 미디어 산업에 적합하다고 예를 들었다. [4]

---

4 패션채널 2007. 4. 1.

신출귀몰

神出鬼沒

귀신 신 날 출 귀신 귀 빠질 몰

귀신처럼 나타났다가 귀신같이 사라진다. 즉 문득 나타났다가 갑자기 없어져 예측하기 어려움을 비유하는 말이다.

[출전] 회남자(淮南子) 병략훈(兵略訓)

회남자(淮南子) 가운데 병략훈(兵略訓)은 군대와 전략에 종사하는 사람들의 이론과 실례를 모아 편찬한 것으로 당연히 병법이 주된 내용이다. 아래 구절에서는 전투에서 승리하기 위해서는 적이 어떠한 정보도 알아낼 수 없도록 보안 유지나 위장이 철저해야 하며, 군의 진퇴는 바람처럼 신속하게 하라는 의미로 다음과 같이 설명하고 있다.

善者之動也, 神出而鬼行, 星耀而玄逐, 進退詘伸, 不見朕掇,
鸞擧麟振, 鳳飛龍騰, 發如秋風, 疾如駭龍.
선자지동야, 신출이귀행, 성요이현축, 진퇴굴신, 불견짐철,
난거인진, 봉비용등, 발여추풍, 질여해룡.

뛰어난 자의 움직임은 귀신처럼 나타났다가 사라지며, 별이 빛나고 하늘이 운행하는 것과 같아서 나아가나 물러서나 구부리거나 펴거나 아무런 조짐이나 흔적이 보이지 않는다. 마치 난새가 일어나고 기린이 달리듯, 봉황새가 날고 용이 승천하듯, 가을바람과 같이 나타나고 놀란 용과 같이 질주한다.

신출귀몰은 바로 위의 '신출이귀행'(神出而鬼行)에서 유래했다.

발 없는 말이 천리를 간다는 속담이 있지만 사용자들의 입에서 입으로 전해지는 입소문처럼 신출귀몰한 것도 없다. 우리가 흔히 말하는 고객충성도는 긍정적인 사용자경험이 재구매로 이어진다는 관점에서 보면 재구매율로 바꿔 정의할 수 있다. 이때에 실질적인 재구매 의사가 있는지를 파악하는 도구로 '순추천지수'(Net Promoter Score)[1]를 활용한다. 줄여서 NPS라고 부르기도 한다.

NPS는 Bain & Company의 프레데릭 라이헬트(Frederick Reichheld) 가 개발한 것으로 다른 사람에게 해당 상품이나 서비스를 추천할 의향이 있는지 묻는 설문지를 이용한다. 1점 '매우 추천하지 않는 다'에서부터 10점 '매우 추천한다'까지 10점 척도로 응답하게 해서 결과를 분석한다. 또 추천하지 않는 경우에는 추천하지 않는 이유 를, 추천하는 경우에는 추천하는 이유를 묻는 문항을 추가하면 개 선책을 수립하는 데 도움이 된다.

응답 점수가 1~6점이면 비추천자(Detractor), 7~8점은 소극적 소 비자(Passive Consumer), 9~10점은 홍보대사(Promoter)로 구분한 다 음 홍보대사 응답자 비율(%)에서 비추천자 비율(%)을 차감하여 구 한 값이 곧 NPS(%)가 된다. 이 값은 극단적인 경우 -100%에서 +100%까지도 가능한데, 음수이면 고객충성도가 낮고, 반대로 양 수이면 그만큼 재구매가능성이 높다.

비추천자가 응답한 추천하지 않는 이유를 파악해서 고객충성도 가 낮은 분야는 TFT를 구성하여 원인을 진단한 후 개선한다. 서비 스 개선을 위한 인력의 추가 또는 재배치, 신제품 개발이나 품질향 상을 위한 신규투자가 수반될 수 있다.

---

1   Harvard Business Review, 2003.12.

하로동선
夏爐冬扇
여름 하 화로 로 겨울 동 부채 선

여름의 화로와 겨울의 부채라는 뜻으로, 철에 맞지 않아 쓸모없는 사물을
비유하는 말이다.

[출전] 논형(論衡)[1] 봉우편(逢遇篇)

한(漢)나라 때 왕충(王充)이 현명한 신하가 군주에게 중용이 되지
못하는 것은 때가 맞지 않기 때문이라고 말 한데서 유래했다.

世俗之議曰, 賢人可遇, 不遇亦自其咎也. 生不希世准主, 觀鑒治內,
調能定說, 審詞際會, 能進有補贍主, 何不遇之有? 今則不然,
作無益之能, 納無補之說, 以夏進爐, 以冬奏扇, 爲所不欲得之事,
獻所不欲聞之語, 其不得禍幸矣. 何福佑之有乎?
세속지의왈, 현인가우, 불우역자기구야. 생불희세준주, 관감치내,
조능정설, 심사제회, 능진유보섬주, 하불우지유? 금즉불연,
작무익지능, 납무보지설, 이하진로, 이동주선, 위소불욕득지사,
헌소불욕문지어, 기부득화행의. 하복우지유호?

사람들이 말한다. 현명한 사람은 중용되어야 하지만, 그렇지 못
하면, 이는 자신의 잘못이다. 천하를 바라지 않고 군주를 따르며,
상황을 살펴 행동에 유의하고, 능력을 발휘하며 주장을 확고히 하
고, 시기를 잘 살펴 군주에게 도움이 되는 의견을 말하면 왜 중용
되지 못할까? 그러나 도움이 안 되는 능력을 발휘하고, 보탬이 안
되는 의견을 내며, 여름에 화로를 올리고 겨울에 부채를 바치며,
원하지 않는 일을 하고, 듣고 싶지 않는 말을 간하고도 화를 당하
지 않는다면 그나마 다행이지 어찌 복을 바라겠는가?

---

1 한(漢)나라 때 왕충(王充)의 저서로 당시의 여러 논의에 대한 실증적 비판서.

수요가 없는데 공급이 넘치거나 반대로 공급은 없는데 수요가 많아 물량이 부족한 경우가 있다. 이처럼 가격변동에 대응하는 공급량 조절이 제때 이뤄지지 않아 가격 급등락이 반복되는 현상을 '거미집 이론'(Cobweb Theorem)[2]이라고 한다. 일시적으로 가격이 변동되면 수요는 대체로 즉각적인 반응을 보이지만 공급은 반응에 일정한 시간이 필요하기 때문에, 실제 시장에서는 이와 같은 시간차(time lag)를 거쳐 균형가격에 도달하게 된다. 이 현상을 수요공급곡선에 표시하면 가격이 마치 거미집 모양과 비슷해 보여 거미집 이론이라고 부르게 됐다.

그런데 수요가 증가하는 데도 공급량을 늘릴 수 없다면 원인을 찾아 해결책을 모색해야 한다. 특히, 업무 특성상 전문성이 강하고 인력양성에 상당기간이 소요되는 경우에는 신규고객의 확보는 물론이거니와 기존 고객에 대한 서비스 품질이 하락하여 가격할인 또는 고객이탈 등 위태로운 상황을 초래할 수 있으므로 이직률 관리에 만전을 기해야 한다.

(1) 이직률이 통제 가능한 수준으로 유지될 수 있도록 급여 및 복리후생을 포함한 인사정책 전반에 대한 검토를 실시한다.
(2) Key Man 유지를 위한 우대정책을 수립한다.
(3) 업무를 세분화하여 분업을 강화함으로써 개인에 대한 의존도를 축소한다.
(4) 신입 또는 저경력 직원들에 대해 평소 OJT 등의 교육 프로그램을 꾸준히 실시하여 역량강화를 추진한다.
(5) 난이도가 높은 분야부터 업무자동화를 추진한다.
(6) 만약의 경우를 대비하여 10~20%의 여유인력을 유지한다.

---

2 1934년 니콜라스 칼도어(Nicholas Kaldor)가 처음으로 언급한 이론.

득롱망촉
得 隴 望 蜀
얻을 득 고개 이름 롱 바랄 망 나라 이름 촉

농나라를 얻고 나니 촉나라도 바라게 된다. 즉 사람의 욕심은 한이 없음을
비유하는 말이다. '평롱망촉'(平隴望蜀)이라고도 쓴다.

[출전] 후한서(後漢書) 잠팽열전(岑彭列傳)

중국 후한(後漢)[1]의 광무제(光武帝)가 나라를 재건할 때 여러 군웅
들이 할거하고 있었는데, 광무제가 그들을 차례대로 제압하니 마침
내 외효(隗囂)의 농서(隴西)와 공손술(公孫述)의 촉(蜀)만 남게 되었
다. 그 중 세력이 약한 농서는 광무제와 공손술 사이에서 양다리를
걸치다가 광무제의 공격으로 외효가 병사하자 그의 아들이 항복했
다. 광무제는 수도로 복귀하면서 잠팽(岑彭)에게 마지막까지 저항하
는 농서군의 잔당을 소탕하도록 명령하면서 다음과 같이 말했다.

> 兩城若下, 便可將兵南擊蜀虜. 人固不知足,
> 旣平隴復望蜀. 每一發兵, 頭髮爲白.
> 양성약하, 편가장병남격촉로. 인고부지족,
> 기평롱복망촉. 매일발병, 두발위백.

남은 두 성을 함락하고 나면 군사를 데리고 남쪽에 있는 촉을 쳐
라. 인간의 욕심은 끝을 모른다더니 농서를 평정하니 이제는 촉을
바라게 된다. 그러니 군사를 일으킬 때마다 백발이 느는구나.

잠팽은 공손술의 자객에게 암살 당했지만, 오한(吳漢)이 촉을 함
락하고 공손술을 죽임으로써 후한이 마침내 중국을 통일하게 된다.

---

1 후한(後漢, 25년~220년)은 전한이 신나라의 왕망(王莽)에 의하여 멸망한 후, 한 왕조
  의 일족인 광무제 유수(劉秀)가 한 왕조를 부흥시킨 나라이다.

금융감독원의 금융감독용어사전에 따르면, 인수합병(M&A)은 복수의 기업이 결합하여 하나의 회사가 되는 합병(Merger)과 하나 또는 복수의 기업이 다른 기업의 자산 또는 주식을 취득함으로써 경영권을 확보하는 인수(Acquisition)가 합성된 용어로서 경영지배권에 영향을 미치는 일체의 경영행위를 의미한다. 좁은 의미로는 기업 간의 인수합병을 뜻하며 넓은 의미로는 회사분할과 기술제휴, 공동 마케팅 등 전략적 제휴까지 확대된 개념이다.

합병에는 신설합병과 흡수합병이 있다. 인수에는 거래형태별로 자산을 취득하는 영업양수도와 주식을 취득함으로써 경영권을 확보하는 방식이 있다. 그 밖에도 인수 후 개발(A&D)은 부도 상태이거나 성장이 정체된 굴뚝기업을 인수한 뒤 인터넷이나 IT기업으로 업종을 변경하여 기업 가치를 높이는 것으로 유가증권 시장에 상장되었거나 KOSDAQ에 등록되어 있는 기업이 목표가 된다.

M&A의 순기능 내지 장점은 일반적으로 다음과 같이 이해된다.

- 설립부터 기반수립까지의 기간을 단축한다. 새로운 사업의 성공 가능성이 낮은 경우라면 준비되고 검증된 기반을 활용함으로써 진입장벽을 우회하고 불확실성을 제거한다.
- 기술 및 경영의 노하우를 확보하는 등 기업경영의 효율성을 제고하는 데 도움이 된다. 브랜드 및 상품에 대한 인지도는 일시에 구축할 수 없는 값비싼 자산이다.
- 피인수기업에서 발생한 순손실을 인수기업의 손실로 처리하거나, 인수기업에서 발생한 순손실을 피인수기업의 이익으로 상계할 수 있는 회계상의 이점을 활용한다.
- 인수회사와 피인수회사가 보유하는 자원을 수평적·수직적으로 결합하여 시너지효과를 노릴 수 있다.

당랑거철
螳 螂 拒 轍
사마귀 당 사마귀 랑 막을 거 바퀴 자국 철

사마귀가 수레를 가로막다. 제 분수를 모르고 강한 적에게 덤벼듦을 비유하는 말이다.

[출전] 사기(史記) 회음후열전(准陰候列傳)

중국 춘추시대 제(齊)나라 장공(莊公)이 사냥에 나갔을 때의 일이다.

有一蟲擧足將搏其輪, 問其御曰, 此何蟲也. 對曰, 此所謂螳螂者也.
其爲蟲也, 知進而不知却, 不量力而輕敵. 莊公曰, 此爲人而必天下
勇武矣. 廻車而避之.
유일충거족장박기륜, 문기어왈, 차하충야. 대왈, 차소위당랑자야.
기위충야. 지진이부지각, 불량력이경적. 장공왈, 차위인이필천하
용무의. 회차이피지.

벌레 한 마리가 긴 앞다리를 들고 수레의 앞길을 막기에 장공이 무슨 벌레인지 물었다. 대답하기를 사마귀라는 벌레인데, 앞으로 나아갈 줄만 알고 물러설 줄을 모르며 제 힘은 생각하지도 않고 적을 가볍게 본다고 대답했다. 그러자 장공은 이 벌레가 사람이라면 반드시 천하에 용맹한 사람일 것이라고 말하고 수레를 돌려 피해 갔다.

사마귀는 버마재비 또는 연가시라고도 불리는, 바퀴목 사마귀과에 속하는 육식성 곤충으로 백악기 무렵에 처음 지구상에 나타났다고 한다. 작은 종류의 사마귀는 조심스럽고 예민한 편이지만, 큰 종류의 사마귀, 특히 왕사마귀는 겁이 없다. 사람이 다가가도 도망가기는커녕 덤벼들려 하고, 새와 맞서도 물러서지 않고 끝까지 대든다. 자기보다 몸집이 큰 상대를 보면 날개를 펴 크게 보이게도 한다.

인수합병(M&A)은 성공하면 유기적인 성장전략으로는 기대하기 어려운 기록적인 기업성장을 가능하게 한다. 1997년 부도위기를 맞은 기아자동차를 인수한 현대자동차는 완성차 업종에서 막강한 잠재적 경쟁자인 삼성그룹을 배제시킬 수 있었다. 롯데쇼핑은 1999년의 블루힐 인수를 필두로 잇달아 인수에 성공함으로써 업계 1위가 되었다. SK텔레콤의 2012년 하이닉스 인수는 M&A의 대표적인 성공사례이다.

M&A는 크게 적대적 M&A와 우호적 M&A로 구분할 수 있다. 우호적 M&A는 인수 회사와 피인수 회사와의 합의에 의해 이루어지며 주로 기업성장을 목적으로 한다. 적대적 M&A의 공격 수법에는 목표기업의 주식을 시장에서 직접 사들이는 주식매집과 공개매수(Tender Offer), 위임장 대결(Proxy Fight) 등의 방법이 있으며, 이 밖에 전환사채(Convertible Bonds)를 인수하거나 제3자 배정방식의 증자에 참여하여 주식을 확보하는 수도 있다.

공개매수의 경우에는 공시를 통해 단기간에 의도한 가격으로 대량의 주식을 매집하게 되는데, 대상 기업도 대응을 하게 되므로 그 과정에서 주가가 상승한다. 그리하여 주식을 매집한 후 대주주를 협박하며 이미 매집한 주식을 비싼 가격에 되파는 그린메일(Greenmail)도 있을 수 있다. 위임장 대결은 주주총회에서 의결권을 갖고 있는 위임장을 보다 많이 확보해 기존의 이사진이나 경영진을 교체하는 방법을 말한다.

적대적 M&A에 대항하기 위한 방어책으로는 자사주 취득, 백기사, 황금낙하산과 독약처방, 차등의결권제도[1] 등이 있다.

---

1 우리나라에서는 독약처방은 배임죄에 해당되며, 차등의결권 주식은 상법 상 "의결권은 1주마다 1개로 한다"고 명시해 허용하지 않고 있다.

맹구주산
猛 狗 酒 酸
사나울 맹 개 구 술 주 실 산

술집의 개가 사나우면 술이 쉰다. 즉 사나운 개와 같은 간신배가 있으면 어진 충신이 떠나 국정이 제대로 되지 않음을 비유하는 말이다.

[출전] 한비자(韓非子) 외저설 우상편(外儲說右上篇)

중국의 송(宋)나라에 술을 파는 한 사내가 있었다. 그는 술을 빚는 재주가 뛰어날 뿐만 아니라 손님을 대하는 태도 역시 친절했다. 가게를 알리기 위해 깃발을 높이 내 걸기도 했다. 그런데도 술이 팔리지 않았다. 팔리지 않으니 빚어 놓은 술이 이내 쉬어 버리곤 했다. 그래서 평소 마을에서 잘 알고 지내는 양천(楊倩)에게 어떻게 하면 좋을지 조언을 구했다. 양천은 사내에게 혹시 개를 기르는지, 사납지는 않은지 물었다. 사내가 개가 사납기는 하지만, 그게 술이 팔리지 않는 것과 무슨 관계가 있느냐고 반문하자 이렇게 말했다.

人畏焉. 或令孺子懷錢挈壺甕而往酤, 而狗迓而齕之.
此酒所以酸而不售也.
인외언. 혹영유자회전설호옹이왕고, 이구아이흘지.
차주소이산이불초야.

사람들이 겁을 낸다. 아이들에게 돈을 주고 호리병을 들려 술을 받아 오라고 했는데, 개가 보고 물려고 한다면 그 가게는 술이 쉬어도 팔리지 않을 것이다.

주인에게는 더할 나위 없이 충성스러운 개가 바로 손님의 발길을 돌리게 하는 이유였던 것이다. 어순을 바꾸어 '구맹주산(狗猛酒酸)'이라고도 한다.

MOT(Moment of Truth)는 '결정적 순간'이라는 의미로 39살의 젊은 나이에 스칸디나비아항공(SAS)의 CEO가 된 얀 칼슨(Jan Carlzon)이 책의 제목으로 쓰면서 알려졌다. 칼슨은 MOT를 "고객과의 접점에서 회사에 대한 인상이 형성되는 모든 상황"이라고 정의하고, 자사의 예를 들어 설명했다. SAS에서는 1986년에 1천만 명의 고객이 약 5명의 SAS 직원과 접촉하고 그때마다 평균 15초가 소요되었다. 다시 말해서, 고객의 마음에 연간 5천만 번, 한번에 15초씩 회사의 이미지가 만들어진다. 이 5천만 번의 결정적 순간이 SAS의 성공과 실패를 좌우한다. 이 15초가 고객이 평생 단골이 되느냐 원수가 되느냐를 결정한다. 연간 8백만 달러의 적자기업 스칸디나비아항공은 칼슨이 이렇게 'MOT'를 관리하기 시작한 후 불과 1년만에 7천백만 달러의 흑자를 기록했다.[1]

MOT의 예를 들면, 고객 또는 외부로부터의 문의나 예약전화에 응대하는 순간, 경비 또는 안내 데스크 직원의 태도나 절차, 방문객의 안내, 고객방문을 위한 약속잡기, 약속 또는 납기 등의 일자나 시간의 준수, 악수와 인사하기 등의 매너, 창구직원의 접객 등이 있을 수 있다. 따라서 일선을 담당하는 직원들은 자신들의 고객응대 방식, 업무처리 능력, 친절, 의사소통 능력, 외모 등과 같은 여러 가지 무형의 가치에 의거해서 서비스의 품질이 평가된다는 점을 인식해야 한다.

경영진은 접점을 형성하는 직원들을 통해서 고객과 만난다. 따라서 그들은 이와 같은 직원들의 중요성을 고려하고 고객들에게 최선의 이미지와 솔루션을 전달할 수 있도록 담당직원의 채용, 배치, 교육, 동기부여, 감독, 보상, 내부통제 등과 관련하여 체계적인 관리시스템을 구축하고 효율적인 운영방안을 모색할 필요가 있다.

---

1 얀 칼슨 지음, 김영한 옮김, 결정적 순간 15초, 다산북스, 2006.

결초보은
結 草 報 恩
맺을결 풀초 갚을보 은혜은

풀을 묶어서 은혜를 갚는다. 즉 무슨 일이 있더라도 반드시 은혜를 갚는 것을 비유하는 말이다.

[출전] 춘추(春秋)[1] 좌씨전(左氏傳)

중국 춘추시대 진(晉)나라의 대부 위무(魏武)는 어느 날 아들 위과 (魏顆)에게 자신이 죽거든 자기의 첩을 다른 곳에 시집보내 주도록 당부했다. 나중에 위독해지자 이번에는 첩을 함께 순장하라고 했다. 두 번의 유언이 서로 달라서 위과는 고민에 빠졌다. 그는 결국 아버지의 첩을 순장하지 않고 다른 곳에 시집을 보내면서, 그 이유로 사람이 위독하면 정신이 혼란스러워지기 마련이므로 아버지가 정신이 맑을 때 하신 첫 번째 유언을 따르겠다고 말했다.

얼마 후 진(秦)나라와 전쟁이 일어나 위과가 싸움터에 나갔는데, 적장과 겨루다가 적장이 탄 말의 발이 묶어 놓은 풀에 걸려 넘어지는 바람에 승리했다. 그날 밤 위과의 꿈속에 한 노인이 나타나 다음과 같이 설명했다.

余, 而所嫁婦人之父也. 爾用先人之治命, 余是以報.
여, 이소시부인지부야. 이용선인지치명, 여시이보.

저는 당신이 시집보낸 첩의 아버지인데, 당신이 부친의 정신이 맑을 때 하신 유언을 따랐기에 제가 보답한 것입니다.

---

1 중국 춘추시대 노(魯)나라 은공(隱公)부터 애공(哀公)까지 242년간의 역사를 기술한 책. '춘추'는 춘하추동(春夏秋冬)의 줄임말이 다. 춘추는 본래 사관(史官)이 기록한 것에 공자가 자신의 비평을 가했으므로 일반적인 역사책 이상의 의미가 있다.

의사결정은 개인이나 조직이 당면한 문제를 해결하기 위해 여러 가지 대안을 정의하고, 그 가운데서 합목적적이면서 가장 효과적인 방안을 선택하는 과정이다. 즉 조직의 목표를 달성하기 위해 관리자가 문제를 정의하고, 실행 가능한 복수의 대안을 모색한 후, 합리적이라고 믿어지는 검토 및 평가를 거쳐 마지막으로 주어진 상황에서 가장 적합한 방안에 도달하는 전반적인 과정이라고 할 수 있다. 의사결정은 이와 같이 관리자의 주된 역할인 것이다.

관리자의 역할에 대한 연구를 심화시킨 캐나다의 세계적인 경영학자 헨리 민츠버그(Henry Mintzberg) 교수는 의사결정의 역할에 대해서 아래와 같이 네 가지로 설명했다.[2]

(1) Entrepreneur: 새로운 아이디어를 발굴하여 혁신을 꾀하고 미래에 대한 계획을 수립한다.
(2) Disturbance Handler: 구성원들과의 갈등을 조정하고, 전략적 대안을 모색하며, 위기상황을 극복하는 등 문제를 해결한다.
(3) Resource Allocator: 예산의 수립과 우선순위의 결정 등을 통해 인적 · 물적 자원을 적절하게 배분한다.
(4) Negotiator: 목표달성을 위해 조직이 시너지를 발휘할 수 있도록 구성원들의 협력을 이끌어 낸다.

리더의 일상은 의사결정의 연속이다. 언제나 최선의 방법을 찾기 위해 노력한다. 자신의 결정에 보람을 느낄 때도 있지만, 누군가가 대신 결정해 주었으면 하고 간절히 바랄 때도 있다.

---

2 H. Mintzberg, The Nature of Managerial Work, Harper & Row, 1973.

교토삼굴
狡兎三窟
교활할 교 토끼 토 석 삼 굴 굴

꾀 많은 토끼는 굴을 세 개 판다. 즉 만일의 경우 위험을 피하기 위해 여러 대비책을 마련해 두는 준비성과 지혜를 비유하는 말이다.

[출전] 사기(史記) 맹상군열전(孟嘗君列傳)

중국 전국시대 제(齊)나라의 왕족 맹상군(孟嘗君)이 식객으로 있던 풍환(馮驩)에게 자신의 식읍지인 설읍(薛邑)에 가서 빚을 받아오도록 하자, 풍환은 빚을 받으면 무엇을 사올지를 물었고, 맹상군은 집에 부족한 것이 있으면 사오라고 대답했다. 풍환은 설읍에 가자 빚 진 사람들을 불러 말하기를 "맹상군이 빚을 탕감해 주기로 했다"며 그 자리에서 차용증서를 불태웠다. 사람들은 감격해마지 않았다. 풍환은 돌아와 맹상군에게 차용증서를 태우고 대신 공에게 부족한 은혜와 의리를 사왔노라고 말했다. 1년 후 즉위한 민왕(泯王)이 맹상군을 파면하자, 그는 어쩔 수 없이 식읍지인 설읍으로 낙향하게 됐는데 그 소식을 들은 설읍의 사람들이 모두 1백리 밖까지 마중 나왔다. 맹상군이 풍환에게 그대가 사온 은혜와 의리를 이제야 깨달았다고 말하자 그가 다음과 같이 대답했다.

狡兎三窟.
교토삼굴.

꾀 있는 토끼는 굴을 세 개씩 파놓습니다.

그리고 덧붙여 말했다. "이 설읍은 첫번째 굴에 불과합니다. 아직은 안심할 수 없으니 제가 나머지 두 개의 굴을 더 파놓겠습니다."

기업에도 플랜 B가 필요하다. 플랜 B의 대표적인 것이 '사업연속성계획'(BCP: Business Continuity Plan)이다. '위기관리대책'(CP: Contingency Plan)이라고도 부른다. 이는 홍수, 태풍 등의 자연재해 또는는 업장 내 사고나 노사분규, 전쟁이나 테러 등 예기치 못한 사건에 미리 대비하는 것이다. 즉 특정 상황이 발생하는 경우 제한된 경영자원으로 최소한의 사업활동을 계속하거나 '목표복구시간'(RTO: Recovery Time Objective) 내에 사업이 재개될 수 있도록 사전에 수립해놓은 비상시 운영계획을 의미한다.

예를 들어, 원자재 공급업체의 예상치 못한 부도나 생산직 직원 전체의 식중독 집단 감염사태에 어떻게 대응할 것인가? 자금부의 주요 직원이 어느 날 갑자기 교통사고로 장기간 출근할 수 없게 되면 어떻게 할 것인가? 전산 시스템이 바이러스에 감염되어 고객 데이터가 파괴되면 어떻게 할 것인가? 실제 이런 일이 발생하면 담당자들이 당황한 나머지 혼란에 빠지게 되어 조직은 마비상태가 될 수 있다. 그러므로 플랜 B의 중요성을 충분히 인식하고 평상시에 실행 가능한 BCP를 다음과 같이 준비하고 주기적으로 테스트할 필요가 있다.

(1) 리스크 분석 및 우선순위 선정: 필수 기능 및 손실최소화 방법의 정의, 위험분석, 위험의 우선순위 파악

(2) 계획의 수립: 최소한의 운영목표 및 목표시간의 정의, 시나리오별 예측, BCP 사이트의 설치, 자원의 제약을 고려한 배치, 운영 및 복구방법 수립, 위험관리 및 통제

(3) 계획의 유지보수 및 테스트: 단순 문서작업으로 그치지 않도록 변화를 반영한 주기적인 업데이트 및 테스트 실행

담박명지
澹泊明志
맑을 담 머무를 박 밝을 명 뜻 지

마음이 맑고 고요해야 뜻을 바로 세우고 지킬 수 있다.

[출전] 제갈량(諸葛亮)의 계자서(戒子書)

계자서는 제갈량(諸葛亮)이 당시 8세였던 아들 첨(瞻)에게 보낸 편지로 전체 86자로 쓴 짧은 글이다. 제갈량의 이 가르침은 오늘날까지도 중국 가정의 자녀교육에 큰 영향을 미치고 있다고 한다.

夫君子之行, 靜以修身, 儉以養德. 非澹泊無以明志, 非寧靜無以致遠. 夫學須靜也. 才須學也. 非學無以廣才, 非志無以成學. 慆慢則不能勵精, 險躁則不能冶性. 年與時馳, 意與日去, 遂成枯落, 多不接世. 悲守窮廬, 將復何及!
부군자지행, 정이수신, 검이양덕. 비담박무이명지, 비영정무이치원. 부학수정야. 재수학야. 비학무이광재, 비지무이성학. 도만즉불능여정, 험조즉불능야성. 연여시치, 의여일거, 수성고락, 다불접세. 비수궁려, 장부하급!

군자는 조용히 자신을 수양하고 검소하게 생활하면서 덕을 길러야 한다. 마음이 담박하지 않으면 뜻을 바로 세울 수 없으며, 평정심을 잃으면 멀리 나아갈 수 없다. 배울 때는 마음이 안정되어야 한다. 사람의 재능은 배우면서 자란다. 배우지 않으면 능력을 키울 수 없고 의지가 없으면 학문을 이룰 수 없다. 방탕하고 나태하면 정진할 수 없고 위태롭고 조급해서는 성품을 연마하지 못한다. 세월이 흐르면 나이를 먹게 되고 날이 가면 의지도 미약해져 마침내 낙엽이 떨어지듯이 세상과 멀어질 것인데 허름한 오두막집을 지키며 슬퍼한들 그때는 어떻게 다시 돌이킬 수 있겠는가!

매뉴얼은 조직 내 또는 특정 직무의 활동기준이나 업무처리 등을 기록한 문서이다. 여기에는 의사결정 방법을 기술한 규정, 준칙, 절차 등과 작업의 순서, 수준, 방법 등을 순서에 따라 자세하고 구체적으로 문서화한 표준화된 작업지시서가 포함된다. 매뉴얼은 일관성 있는 활동, 업무방법의 체계적 습득, 수행자의 안전과 위생 및 소정의 품질 확보를 목적으로 작성한다. 이는 조직의 구성원 및 작업자가 실수와 실패를 줄이는 데도 도움이 되며, 매뉴얼의 준수여부는 사후감사의 기준이 되기도 한다.

작업지시서 또는 업무매뉴얼은 단순한 규정집과 달리 현장경험과 과학적인 분석결과를 토대로 작성된 실무지침서이니 만큼 여러 가지 상황을 고려하여 해당 업무를 가장 합리적이며 효율적으로 처리할 수 있는 방법을 제시하는 것이다. 그러므로 매뉴얼은 담당자가 실제상황에서 누구나 제대로 적용할 수 있도록 구체적이며 이해하기 쉽게 작성되어야 한다. 실제로 성문법체계를 채택하고 있는 미국기업들은 놀라울 정도로 상세하게 기술된 매뉴얼을 보유하고 있다. 교육훈련과 업무수행에 활용하고 있으며, 변화하는 업무환경에 부응할 수 있게 주기적으로 수정 및 보완하고 있다.

우리나라에서도 외환위기 이후 글로벌 스탠다드가 제기되고 ISO 등의 국제표준이 도입되는 과정에서 매뉴얼을 자연스럽게 받아들이게 되었다. 방송인 김제동의 말이다. "우리 헌법도 아름답고 명료하지만 어찌 보면 추상적이다. 그러나 추상에서 실상을 가져와야 된다." 그런데 매뉴얼의 도입에 못지않게 중요한 것은 매뉴얼의 엄격한 실행이다. 실무에 쓰지 못할 형식적인 매뉴얼과 실행하지 않는 매뉴얼은 매뉴얼이 아니다. 실무에 필요한 지식의 축적과 공유를 위한 체계적인 장치, 실질적 전파를 가능하게 하는 제도, 그리고 실행에 대한 경영진의 굳은 의지가 있어야 한다.

동시효빈
東施效顰
동녘 동　베풀 시　본받을 효　찡그릴 빈

예쁜 서시(西施)가 얼굴을 찡그리는 습관을 못생긴 동시(東施)가 따라 한다.
즉 자신의 분수나 개성과 관계없이 무조건 남을 흉내 냄을 비유하는 말이다.

[출전] 장자(莊子) 천운(天運)[1]

　　중국 춘추시대 말, 월(越)나라 왕 구천(句踐)은 오(吳)나라 왕 부차(夫差)에게 패배하자, 미인계를 써 절강성(浙江省) 출신의 서시(西施)에게 춤과 노래를 가르쳐 부차에게 보냈다. 그는 계획대로 서시에게 빠져 정사를 멀리하고 폭정을 일삼다가 마침내 월나라의 공격으로 패망했다. 서시와 관련하여 다음과 같은 이야기가 전해진다.

> 故西施病心而顰其里, 其里之醜人見而美之, 歸亦捧心而顰其里.
> 其里之富人見之, 堅閉門而不出, 貧人見之, 挈妻子而去之走.
> 彼知顰美而不知顰之所以美.
> 고서시병심이빈기리, 기리지추인견이미지, 귀역봉심이빈기리.
> 기리지부인견지, 견폐문이불출, 빈인견지, 설처자이거지주.
> 피지빈미이부지빈지소이미.

　　옛날에 서시는 가슴이 아파 늘 얼굴을 찡그리고 다녔다. 그게 예뻐 보인 한 추녀가 자기도 손으로 가슴을 누르고 얼굴을 찡그리고 다녔다. 그러자 마을의 부자들은 문을 굳게 닫고 나가지 않았으며, 가난한 사람들은 처자식을 데리고 떠났다. 그녀는 찡그리는 것이 예쁘다고 알았지만 예뻐 보이는 진짜 이유는 몰랐다.

1　장자(莊子)가 공자의 상고주의(尙古主義)를 비판하면서 "공자가 그 옛날 주(周)나라
　의 이상적인 정치를 재현하려고 하는 것은 마치 추녀가 무작정 서시를 흉내 내는 것
　과 같다"고 말했다고 한다.

원자재 조달, 협력업체, 생산 공정, 납기준수, 가격정책, 고객 물만, 자금관리, 이직률 등 해결책이 필요한 문제들이 있다. 기업의 성패와 직결되는 이러한 문제해결을 위한 유용한 도구로 1950년대에 윌리엄 에드워드 데밍(William Edwards Deming)이 체계화한 'PDCA 사이클'이 있는데, 이는 프로세스, 상품 또는 서비스를 개선하거나 문제를 해결하기 위해 Plan(계획), Do(실행), Check(검증), Act(개선)의 4단계를 반복함으로써 적절한 방법을 찾아내 실행에 옮기거나 그 결과를 다음 계획에 반영하는 도구이다.[2]

- 계획(P): 문제를 정의하고 분석한 후 가설을 수립하고 검증대상을 선정하는 단계이다. 이때 문제해결을 위한 관리방법 및 절차는 목표에 부합해야 한다.
- 실행(D): 앞에서 수립한 해결책을 검증하는 단계이다. 문제해결을 위한 관리방법 및 절차를 소규모 또는 부분적으로 도입, 운영해보고 성과를 측정한다.
- 검증(C): 목표에 비춰 결과를 분석하고 효과를 평가해 가설이 맞는지 확인하는 단계이다. 경영진은 결과를 평가하여 목표와 차이점이 있는지 판단한다.
- 개선(A): 해결책이 적절하다고 판단되면 원안대로 실행하고, 시정이 필요한 경우 개선책을 마련하는 단계이다. 문제가 해결되지 않았다고 판단되면 다시 계획 단계로 되돌아가 반복한다.

이 PDCA 사이클의 특징은 1회성이 아니라 계획으로부터 실행, 검증, 그리고 개선에 이르는 4단계의 프로세스가 다시 다음의 계획 단계로 연결된다는 점이다.

---

2 https://www.mindtools.com/pages/article/newPPM_89.htm(2017.02.19).

와각지쟁
蝸 角 之 爭
달팽이 와 뿔각 갈지 다툴 쟁

달팽이의 뿔 위에서 싸운다는 뜻으로 하찮은 일로 서로 옥신각신하며 다투거나 작은 나라끼리 전쟁하는 것을 비유하는 말이다.

[출전] 장자(莊子) 칙양편(則陽篇)

중국 전국시대 제(齊)나라가 위(魏)나라를 침략하자 위나라 혜왕(惠王)이 현자인 대진인(戴晉人)에게 물었더니, 그가 다음과 같이 대답했다.

有國於蝸之左角者曰觸氏, 有國於蝸之右角者曰蠻氏, 時相與爭地
而戰, 伏尸數萬, 逐北旬有五日而後反.… 臣請爲君實之. 君以意在
四方上下有窮乎? 知遊心於無窮, 而反在通達之國, 若存若亡乎?
通達之中有魏, 於魏中有梁, 於梁中有王, 王與蠻氏有辯乎?
유국어와지좌각자왈촉씨, 유국어와지우각자왈만씨, 시상여쟁지
이전, 복시수만, 축배순유오일이후반.… 신청위군실지. 군이의재
사방상하유궁호? 지유심어무궁, 이반재통달지국, 약존약망호?
통달지중유위, 어위중유양, 어양중유왕, 왕여만씨유변호?

달팽이의 왼쪽 뿔에 있는 나라를 촉씨, 오른쪽 뿔에 있는 나라를 만씨라고 합니다. 그들은 때때로 영토를 놓고 싸워 죽은 사람이 만 명이나 되는데도 달아나는 적을 보름이나 추격하고 돌아온 일이 있습니다.… 왕께서는 실상을 아셔야 합니다. 세상에 끝이 있다고 생각하십니까? 마음속에서 끝이 없는 세상을 돌아다니다가 자기가 사는 곳에 돌아와 보면, 있는 것 같기도 하고 없는 것 같기도 하지 않습니까? 그 곳에 위나라가 있고, 나라 가운데 도성이 있고, 도성 가운데 왕이 계시니, 왕과 만씨가 다를 것이 있겠습니까?

신세품을 출시하는 데 있어 밀림의 정글과 다를 바 없는 오늘날의 시장에서는 전사적인 협력이 절실하다. 안 그래도 벌써부터 레드오션의 조짐이 보이기 시작한 제품을 대체하기 위해 기획부는 차별화를 내세울 수 있는 창의적인 아이디어를 내놓고, 구매부는 원자재의 품질과 가격을 만족시키는 안정적인 조달책을 강구하며, 마케팅부는 가격은 어떻게 할지 또 어떻게 하면 제품을 소비자에게 알리고 구매욕을 자극할 수 있을지 밤새워 고민하고, 영업부는 고객들에게 이른바 지름신이 강림하도록 신발이 닳도록 금수강산을 누빈다. 생산부는 품질과 납기를 책임지며, 자금부는 자금의 조달 방법과 함께 경쟁을 고려한 신용판매 조건도 마련한다.

그런데 그게 다가 아니다. 신제품이 성공하기 위해서는 부서간의 유기적인 협조가 절실하건만 회의를 해보면 부서마다 생각이 천차만별이고 배는 산으로 간다. 시장점유율 제고, 매출확대, 이익증대 등 조직의 목표는 온데간데없고 부서들의 이해관계만 난무한다. 리더는 누구나 조직의 목표 아래 구성원들이 다 같이 힘을 합쳐 한마음으로 매진할 것을 기대한다. 그러나 안타깝게도 현실은 꼭 그렇지만은 않다. 외부인보다 설득하기 더 어려운 상대가 있다. 바로 조직 내부의 동료들이다. 오죽하면 '내부영업'이란 말이 생겨났을까?

물론 건전한 비판이라면 누구나 흥분과 전율을 느낄 것이다. 그러나 아마도 이 제품이 성공하면 조직이 잘 된다는 공동체의식보다는 특정 부서나 다른 사람이 더 많은 공을 차지하지 않을까 하는 조바심이 문제이다. 그래서 글로벌 기업의 경우에는 다른 구성원과 협력하며 일하는 자세와 동료를 설득하는 능력이 얼마나 뛰어난지를 리더십 평가의 중요한 요소로 본다.

수작

酬 酌

갚을 수   술 부을 작

원래 수작은 술잔을 서로 주고받는다는 단순한 의미였지만 지금은 술자리
에서 더러 음모나 비리와 같이 좋지 않은 일을 꾀하는 일이 많다보니 아예
부정적인 뜻으로 변했다.

[출전] 주역(周易) 계사 상편(繫辭上篇)

한자 '갚을 수(酬)'는 주인이나 초청한 사람이 보답하는 의미로 손
님에게 술을 권하는 것이며, '잔 돌릴 작(酌)'은 반대로 손님이 주인
이나 초청한 사람에게 술을 따른다는 뜻이 있다.[1] 따라서 수와 작
을 합한 수작은 주인과 손님이 같이 술을 마시며 담소하는 모습을
나타낸다. 주역의 해설서라고 할 수 있는 계사(繫辭)에서는 주역이
하늘의 도를 이해하고 소통할 수 있도록 연결하는 다리가 된다고
한다.

顯道, 神德行, 是故, 可與酬酌, 可與祐神矣.
현도, 신덕행, 시고, 가여수작, 가여우신의.

도를 드러내고 덕행을 신묘하게 한다. 그러므로 더불어 주고받을
수 있으며 더불어 신과 통하도록 도울 수 있다.

또 짐작(斟酌)은 원래 "주저하거나 머뭇거리며 술을 따른다"[2]는 말이
변해서 사물을 어림으로 따져 헤아려 본다는 뜻으로 쓰인다. 도자기
로 만든 술병은 술이 얼마나 남아 있는지 알 수 없고, 따라서 얼마나
기울여야 할지 판단이 서지 않아 술을 따르기 어렵기 때문이다.

---

1   우리말 '권커니 잣거니'의 어원이라고도 한다.
2   짐(斟)에는 주저하다, 머뭇거리다, 심사숙고하다는 뜻이 있다.

하버드대학교의 윌리엄 유리(William Ury) 교수는 합의를 가로막는 장벽으로 (1) 나의 반사적 반응, (2) 상대방의 감정, (3) 상대방의 입장, (4) 상대방의 불만, (5) 상대방의 파워를 들고, 이와 같은 장벽 돌파를 위한 5단계 전략을 아래와 같이 제시했다.[3]

첫째, 반사적으로 반응하지 말고 상대방의 입장과 배경을 이해하기 위해 무대를 내려다보는 발코니로 올라간다. 합리적인 생각을 하기도 전에 되받아치거나 양보하거나 아예 관계를 끊어버리는 등 즉각적으로 반응하면 상대가 원하는 게임에 휘말린다.

둘째, 논쟁을 피하고 역지사지의 정신으로 상대방의 입장을 이해한다. 상대방의 방어 본능, 두려움, 적대감을 해소해야 비로소 우호적인 협상 분위기가 만들어진다. 먼저 상대의 입장을 인정하고 동의해 준다. 양보하지 않아도 동의는 얼마든지 가능하다.

셋째, 거부가 아니라 게임의 틀을 바꾼다. 협상에는 본질적인 주제에 관한 협상과 게임의 규칙에 관한 협상이 있다. 상대방의 요구를 공동문제 해결을 위한 것으로 바꿔 생각하고 창의적인 대안을 만들어낸다.

넷째, 몰아붙이지 말고 황금의 다리를 놓아준다. 상대방은 내가 황금의 다리를 놓아준다면, 즉 체면을 잃지 않고 합의할 기회를 준다면 반드시 그 다리를 건널 것이다.

다섯째, 전투로 확대하지 말고 파워를 이용해 상대방을 교육한다. 협상의 목적은 승리가 아니라 상호만족이다. 전투가 아니라 협상을 통해서만 이해관계를 충족시킬 수 있다.

---

3 윌리엄 유리 지음, 이수정 옮김, 고집불통의 No를 Yes로 바꾸는 협상 전략, 지식노마드, 2008.

배수진
背 水 陣
등배 물수 진칠진

전투에서 강을 등지고 친 진지. 즉 어떤 일에 필사적으로 대처하는 태도를
비유하는 말이다.

[출전] 사기(史記) 회음후열전(准陰侯列傳)

　　중국 한(漢)나라의 유방(劉邦)이 기원전 204년에 한신(韓信)[1]에게
군사 2만 명으로 조(趙)나라를 공격하게 했다. 조나라의 이좌거(李左
車)는 한나라 군사가 협곡 가운데를 지날 때 기습할 것을 제안했지
만 그 전략은 채택되지 않았다. 첩자를 통해 이를 알게 된 한신은
협곡에서 행군을 멈추고 기병 2천 명을 조나라의 진지 부근에 매복
시킨 다음, 조나라가 한나라 군사를 공격하면 그들의 진지로 재빨
리 뛰어들어 한나라의 깃발을 세우도록 명령했다.

> 信乃使萬人先行, 出, 背水陣, 趙軍望見而大笑.
> 신내사만인선행, 출, 배수진, 조군망견이대소.

　　한신은 군사 1만 명을 시켜 행군하여 나가 강을 등지고 진을 치게
했다. 조나라 군사들이 이를 바라보고 크게 비웃었다.

　　이튿날 한신의 남은 군사 8천 명은 싸우는 척 하다가 배수진으로
후퇴했고 조나라는 맹렬히 추격했다. 한나라 군사들은 더 이상 물
러날 곳이 없으므로 죽을 힘을 다해 저항했다. 싸움에 진전이 없자
조나라는 일단 철수하여 진지로 돌아갔는 데 진지에는 이미 한나라
깃발이 나부끼고 있었다. 이를 본 조나라 군사들은 모두 도망치고
한나라는 승리했다.

1　한신(韓信)은 진(秦)나라 회음현(准陰縣) 출생으로 항우(項羽)가 군사를 일으키자 가

영국의 군사이론가인 리델 하트(Liddell Hart)는 그이 저서 '전략론'에서 적에 대한 통상적인 기동방법을 '직접접근'(Direct Approach)이라고 부르고, 이와 반대로 상대의 강점과 정면충돌하지 않는 '간접접근'(Indirect Approach)을 채택하는 것이 승리를 보장하는 길이라고 주장했다.[2] 한신의 유인책에 말려든 조나라의 군대가 한신의 군대를 쫓아 성을 비운 틈을 타 매복한 다른 군사들이 성에 쳐들어가는 전략이 성공했는데, 이것이 바로 정면대결보다는 적을 당시 위치에서 이탈시키고 결전의지를 무력화하는 리델 하트의 간접접근전략의 한가지 예이다.

하트는 최단거리 접근로만 찾다가 방어력이 강한 적의 정면이나 방어태세가 강한 곳에서 맞부딪쳐 시간을 지체하거나 공격력을 상실하는 등 실패의 가능성을 키우는 대신 우회하더라도 적의 방어력이 약한 곳을 찾아 공격하는 간접접근전략이 시간적으로나 작전의 성공 가능성의 면에서 유리하다고 주장했다. 그는 이러한 간접접근전략은 비즈니스 등 다른 분야에서도 유효한 전략이라고 주장했는데, 구체적인 전술 내지 실행방법을 요약하면 다음과 같다.

- 항상 목표를 잊지 않는다.
- 목표를 수단에 맞춘다.
- 가장 예측하기 어려운 경로를 고른다.
- 가장 저항이 약한 곳을 선택한다.
- 교체 가능한 플랜 B를 준비한다.
- 계획과 준비가 상황에 따라 변경될 수 있도록 유연성을 확보한다.

담했다가 유방(劉邦)의 휘하에 들어가 큰 공을 세웠다. 나중에 유방과 사이가 벌어져 반역죄로 처형되었다. 여기에서 토사구팽(兎死狗烹)이 유래했다.

2 리델 하트 지음, 주은식 옮김, 전략론, 책세상, 1999.

읍참마속
泣斬馬謖
울 읍 벨 참 말 마 일어날 속

울면서 마속의 목을 베다. 즉 아무리 친하고 아끼는 사람이라도 규칙을 어겼을 때는 공정한 법 집행을 위해 사사로운 정을 버리고 법과 원칙에 따라 심판해야 함을 비유하는 말이다.

[출전] 삼국지(三國志) 촉서(蜀書) 마량전(馬良傳)

중국 촉(蜀)나라의 유비(劉備)가 죽고 제갈량이 위(魏)나라를 공격하자 위나라 명제(明帝)는 사마의(司馬懿)를 복직시키고 요충인 가정(街亭)으로 장합(張郃)을 보냈다. 제갈량은 마속(馬謖)을 사령관으로 임명하고 평지에 진을 쳐 대항하도록 명령했으나, 마속은 자신의 판단으로 산에 진을 쳤다가 장합의 군대에게 포위당해 대패했다. 이로 인해 감옥에 갇힌 마속이 제갈량에게 아래의 편지를 썼다.

明公視謖猶子, 謖視明公猶父. 願深惟殛鯀興禹之義,
使平生之交不虧於此, 謖雖死無恨於黃壤也.
명공시속유자, 속시명공유부. 원심유극곤흥우지의,
사평생지교불휴어차, 속수사무한어황양야.

승상께서 저를 아들처럼 대해 주셨고, 저는 승상을 아버지처럼 생각했습니다. 곤을 죽이되 우를 살려준[1] 뜻을 깊이 헤아려 평생의 사귐이 이 일로 무너지지 않도록 하시면 저는 비록 죽더라도 저세상에서도 여한이 없을 것입니다.

제갈량은 아끼는 장수였지만 명령을 어기고 패전한 책임을 물어 마속을 처형함으로써 장수들에게 군율의 엄중함을 강조했다.

---

1 요 임금 때 곤이 치수사업에 실패하자 죽였으나 순 임금이 그 아들인 우를 등용하여 결국 치수에 성공하게 된 것. 자기 자식들을 부탁한다는 뜻이다.

1981년 GE의 CEO로 임명된 잭 웰치(Jack Welch)는 GE의 시가총액을 20년간 40배로 키운 전설적인 인물이다. 이러한 빠른 성장의 바탕에는 그의 파격적인 인사관리가 있었다. 인사관리의 핵심은 전 직원을 A(20%), B(70%), C(10%)의 3등급으로 구분하는 것이었다. A등급은 자신의 업무에 대해 높은 수준의 에너지와 열정으로 무장한 사람들이며, B등급은 회사의 심장과 같은 사람들로 GE가 목표를 성취하는 데 필요한 업무들을 수행하는 이들이었다. C등급은 업무수행능력이 부족한 사람들이었다.

A등급에 해당하는 상위 20%에게는 급여를 인상했고 스톡옵션 및 승진의 기회를 제공하였다. 지금도 GE의 최대주주는 직원들이다. 직원들의 주식 총액은 자그마치 320억 달러에 이른다. 반대로 하위 10%에 속하는 C등급의 직원들은 다른 직장을 찾아보도록 유도했다. 그것이 회사는 물론 직원 스스로를 위한 일이라고 생각했다. 1980년 41만 명이었던 직원은 1985년 29만 9천 명으로 줄었다. 물론 그의 급진적인 개혁이 순탄할 리는 없었다. 11만여 명의 직원을 대량 해고하면서 그는 수많은 내부 저항에 부딪혔다. 여러 차례 시행착오도 겪었다. 언론과 국민들은 그의 개혁을 미국의 대표적인 국민기업을 파괴하는 '미친 짓'이라고 몰아붙였다.[2]

잭 웰치는 기업의 효율을 높이기 위해 수익성이 낮은 부분을 정리하거나 인원을 줄이는 구조조정을 신봉했지만, 핵심인재에게는 지원을 아끼지 않았다. 그는 핵심인재 중심의 도전적이고 창의적인 문화코드를 육성하고 직원들에게 최대한의 자율성을 부여함으로써 성과를 창출했다.

---

2 은행연합회, 웹진, vol 711, June 2013.

제3부

인재 포트폴리오

"내가 GE를 경영하면서 가장 관심을 기울인 것은 능력 있는 사람을 핵심역량으로 만드는 것이었다. 나는 최고의 인재를 가장 적절한 자리에 배치하고 그를 지원하는 것이 내가 해야 할 일의 전부라고 믿었다." 1981년 46세의 나이에 GE의 최연소 회장이 된 경영의 귀재 잭 웰치가 한 말이다. 이는 비즈니스의 성패도 결국은 사람의 몫이고 인적 자원이 기업경쟁력의 핵심요소임을 지적한 것이다. 따라서 인사관리의 목표도 이제 다양한 전략적 재능을 보유한 인재 포트폴리오의 핵심역량 강화를 통해 기업의 경쟁적 우위를 확보하는 쪽으로 방향을 전환해야 한다. 사람이라 쓰고 경쟁력이라 읽는다.

장수선무 다전선고
長袖善舞　多錢善賈
길장 소매수 착할선 춤출무　많을다 돈전 착할선 장사고

소매가 길면 춤을 잘 추고 돈이 많으면 장사를 잘한다는 뜻으로 조건이 좋은 사람이 성공하기에 유리함을 비유하는 말이다.

[출전] 한비자(韓非子) 오두편(五蠹篇)

중국 전국시대 말기 한(韓)나라의 한비자(韓非子)는 나라가 부강해지는 것은 외교가 아니라 내정에 달려 있다고 하며, 나라를 다스리는데 법술(法術)을 시행하지 않고 외교에만 힘을 쓰면 안 된다고 주장했다.

鄙諺曰, 長袖善舞, 多錢善賈. 此言多資之易爲工也. 故治强易爲謀, 弱亂難爲計. 故用於秦者, 十變而謀希失. 用於燕者, 一變而計希得. 非用於秦者必智, 用於燕者必愚也. 蓋治亂之資異也.
비언왈, 장수선무, 다전선고. 차언다자지이위공야. 고치강이위모, 약난난위계. 고용어진자, 십변이모희실. 용어연자, 일변이계희득. 비용어진자필지, 용어연자필우야. 개치난지자이야.

속담에 이르기를, 소매가 길면 춤을 잘 추고 돈이 많으면 장사를 잘한다고 한다. 이는 밑천이 많으면 일을 하기 쉽다는 뜻이다. 따라서 안정되고 강한 나라를 다스리기는 쉽지만, 약하고 어지러운 나라를 다스리기는 어렵다. 그러므로 진나라에서 일하는 사람은 열 번을 바꾸어도 실패하는 경우가 드물지만, 연나라에서 일하는 사람은 한 번만 바꾸어도 성공하기 어렵다. 이는 진나라에서 일하는 사람은 지혜롭고, 연나라에서 일하는 사람은 어리석기 때문이 아니다. 대체로 안정된 나라와 어지러운 나라의 바탕이 다를 뿐이다.

'핵심역량'(Core Competence)은 기업의 경쟁적 우위 또는 경쟁력을 말한다. 핵심역량은 총체적인 능력, 기술, 지식, 문화 등을 말하며, 적절하게 변화하거나 추가적인 개선을 통해 미래의 경쟁에서도 승리하고 지속적인 성장이 가능한 동력으로 작용할 수 있다. 핵심역량의 주요 특징을 다시 정리하면 다음과 같다.[1]

- **독창적**: 경쟁 기업 대비 차별적 우위를 가져야 한다.
- **희소성**: 희소하고 모방하기 어려워야 한다.
- **부가적**: 고객의 입장에서 새로운 가치를 창출해야 한다.
- **확장적**: 여러 분야에 활용 가능한 기술이어야 한다.
- **지속적**: 시간이 흐름에 따라 더욱 발전할 수 있어야 한다.

개인의 핵심역량도 정의할 수 있는데, 예를 들면 다음과 같다.

- 조직, 상품 및 환경에 대한 이해
- 담당 업무의 수행을 위한 기술적 능력
- 합리적 사고를 통한 문제해결 및 실행을 위한 추진력
- 의사소통(필요한 경우 외국어 포함) 및 네트워킹 능력
- 성실성 및 성취지향적 동기부여 능력
- 팀웍 및 리더십

기업의 핵심역량과 개인의 핵심역량은 상호보완적이다. 따라서 기업과 개인의 핵심역량이 뛰어난 기업의 리더는 일하기 쉽고 그렇지 못한 기업의 리더는 일하기 어렵다. 그러나 기업이든 개인이든 소매가 짧아서 춤을 못 춘다고 탓할 것이 아니라 소매를 늘리는 방법을 찾아야 한다.

---

1 프라할라드(C. Prahalad)와 하멜(Gary Hamel)은 핵심역량의 속성으로 Uniqueness, Rareness, Customer Benefit, Value Creation을 들었다.

신언서판
身言書判
몸 신   말씀 언   글 서   판단할 판

생김새, 말솜씨, 글씨, 판단력의 네 가지로 당(唐)나라 때 관리를 선발하던 평가기준이다.

[출전] 신당서(新唐書) 선거지(選擧志)

태종(太宗) 이세민(李世民)의 시대에 당(唐)나라는 정치적 안정을 기반으로 '정관의 치'(貞觀之治)라고 불리는 중국 역사상 최고의 태평성대를 누렸다. 이러한 업적은 그의 뛰어난 용인술 덕택이라고 할 수 있다. 그는 쓸 만한 인재라고 판단되면 정치적인 입장이나 과거의 관계는 개의치 않고 등용해서 최대한 활용했다. 또한 과거제도[1]를 부활하여 신분을 가리지 않고 인재를 발탁했다. 다음은 당나라에서 관리를 선발할 때 적용하던 평가기준에 대한 설명이다.

凡擇人之法有四. 一曰身, 言體貌豊偉. 二曰言, 言言辭辯正.
三曰書, 言楷法遒美, 四曰判, 言文理優長. 四事皆可取.
범택인지법유사. 일왈신, 언체모풍위. 이왈언, 언언사변정.
삼왈서, 언해법준미. 사왈판, 언문리우장. 사사개가취.

무릇 사람을 뽑는 방법은 네 가지가 있다. 첫째는 몸으로, 신체와 용모가 건장한 것을 말한다. 둘째는 말씨로, 말이 반듯하고 논리가 정연한 것을 말한다. 셋째는 글씨로, 필체가 바르고 아름다운 것을 말한다. 넷째는 판단력으로, 사리를 분별하는 능력이 뛰어나야 한다. 이 네 가지를 모두 갖추고 있으면 뽑을 만하다.

---

1 수(隋) 문제(文帝)는 건국 후 과거제도를 도입했다. 이는 당시 지역별로 할거하던 귀족 세력을 견제하고 자신의 정치적 입지를 강화할 목적으로 시행한 것인데, 양제(煬帝)때 폐지되었다가 당(唐) 태종(太宗) 때 부활되었다.

경영 컨설턴트 짐 콜린스(Jim Collins)는 우리가 흔이 말하는 인재에 대해 아래와 같이 언급했다.[2]

첫째, 적합성을 판단하는 기준은 전문지식, 배경 및 기술보다 개인적인 특성이나 타고난 소양과 더 깊은 관련이 있다.

둘째, 기업에서 '사람'이 가장 중요한 자산이라는 말은 맞지 않는다. 그보다는 '기업에 적합한 사람'이 가장 중요한 자산이다.

셋째, 좋은 기업에서 위대한 기업으로 발전하는 것과 경영진의 보수 사이에는 상관관계가 없다. 보수가 많다고 해서 부적격자가 적합한 행동을 하지는 않는다. 그것은 적합한 인재를 채용하고 유지하기 위한 것이다.

아울러 인재를 제대로 활용하기 위한 방법을 다음과 같이 제시했다.

첫째, 회사가 적합한 인재를 충분히 유인할 수 없다면 성장목표를 하향조정하는 한이 있더라도 아무나 채용하지 않는다.

둘째, 적재적소의 원칙에서 벗어나 직원을 교체할 필요성이 있다고 판단되면 즉시 실행에 옮긴다.

셋째, 최고의 인재라면 문제가 심각한 분야가 아니라 기회가 가장 많은 자리에 배치한다. 그리고 문제가 있는 사업부를 매각하는 경우에도 최고의 인재를 함께 넘기지 않는다.

자신보다 현명하고 유능한 직원들을 뽑고, 그들의 지식에 겁먹지 않으며, 그들의 의견을 존중하고, 언제든지 자신을 대신할 수 있는 인재를 알아보는 CEO는 성공한다.

---

2 짐 콜린스 지음, 이무열 옮김, 좋은 기업을 넘어 위대한 기업으로, 김영사, 2002.

백락상마

伯樂相馬

말백 즐길락 서로상 말마

말 전문가인 백락이 말을 감별한다는 뜻으로 인재를 잘 골라 발탁하는 것을 비유하는 말이다.

[출전] 한유(韓愈)[1]의 잡설(雜說)

중국 춘추시대의 상마가(相馬家)[2] 손양(孫陽)은 말을 고르는 안목이 탁월하여 사람들이 백락(伯樂)[3]이라고 불렀다. 어느 날 초(楚)나라 왕으로부터 천리마를 구해오라는 명을 받은 백락은 연나라와 조나라와 제나라를 거쳐 돌아오는 길에 무거운 수레를 힘겹게 끌고 가는 말 한 마리를 보았다. 뼈만 앙상하게 남은 채 꼬리가 축 늘어져 있는 말을 보고 측은한 마음이 들어 쓰다듬어 주려고 하자 말이 갑자기 앞발을 높이 들고 구슬피 울었다. 울음소리를 들은 백락은 자신이 그토록 찾아 헤맸던 천리마임을 금방 알게 되었다.

백락은 초왕에게 달려가 보고했다. 초왕이 볼품없는 말을 보고 의심스러워하자 "이 말은 틀림없는 천리마입니다. 그 동안 잘 먹지 못해 영양실조에 걸리고, 수레를 끌어서 많이 지쳐 있을 뿐입니다. 정성을 다해 보살피면 곧 회복될 테니 그때 다시 판단하셔도 됩니다." 초왕은 마부를 시켜 좋은 풀을 먹이며 특별히 보살피게 했다. 아니나 다를까 보름이 지나자 과연 힘이 넘치는 훌륭한 말이 되었다. 초왕은 훗날 그 말을 타고 전쟁터마다 승승장구했다.

---

1 당송팔대가(唐宋八大家) 가운데 한 명으로 꼽히는 문호. 결백하거나 죄가 없다는 것을 비유하는 말로 쓰이는 '청천백일'(靑天白日)이라는 고사성어는 그가 친구 최청하(崔淸河)에게 보낸 편지에서 유래했다.
2 상마가(相馬家)는 말의 생김새를 보고 그 말의 좋고 나쁨을 감정하는 사람.
3 중국 고대 전설에서 천마를 관장하는 신의 이름.

'기업에 적합한 인재'가 필요하다. 경쟁이 지열하거나 소식에 위기가 닥치거나 기업이 성장하기 위해서는 더 많은 인재가 필요하다. 그러므로 리더는 전략을 실행할 수 있는 '상황에 알맞은 인재'를 알아보는 눈을 가져야 한다. 그런데 천리마는 어딘가에 항상 있지만 백락은 그렇지 않다. 어떻게 하면 조직의 문화를 이해하면서 '상황에 알맞은' 재능을 갖춘 '적합한' 직원을 알아보고 채용할 수 있을까? 채용의 실패는 시간과 돈과 자원의 낭비를 초래할 뿐만 아니라 조직 내의 갈등을 유발해서 팀워크를 해치는 전초가 된다. 그러므로 채용의 중요성은 아무리 강조해도 지나치지 않으며, 채용은 리더의 가장 중요한 책무 중의 하나인 것이다.

직무수행 능력을 검증하기 위한 기술적 평가와는 별도로 직무의 특성과 조직문화에 적합한 후보자를 선택하기 위한 방법으로 '다섯 가지 인성요소 모형'(Big Five Personality Traits Model)이라는 인성검사가 활용된다. 이는 미국 오레곤연구소의 루이스 골드버그(Lewis Goldberg)가 처음으로 개발한 것으로, 다음과 같은 다섯 가지 성격지표를 측정하여 점수화하는 검사방법이다.[4]

- 개방성: 창의성의 척도가 되는 새로운 지식과 경험에 대한 열정의 정도
- 성실성: 조직적 사고를 바탕으로 사회적 규칙과 원칙을 지키려는 정도
- 외향성 · 내향성: 타인과의 상호작용을 원하는 사회성의 정도
- 수용성: 타인과 편안하고 조화로운 관계를 유지하는 정도
- 신경성: 스트레스 등 외부의 자극에 대해 긍정적 · 부정적으로 반응하는 정서적 안정성의 정도

---

4 대니얼 네틀 지음, 김상우 옮김, 성격의 탄생, 와이즈북, 2009.

유재시거
唯材是擧
오직유 재목재 이시 들거

능력만 있으면 그가 어떤 인물인지는 따지지 않는다. 즉 큰일에 작은 흠은 따지지 않고 인재를 기용함을 비유하는 말이다.

[출전] 삼국지(三國志) 무제기(武帝紀)

중국 삼국시대 위(魏)나라의 조조(曹操)가 구현령(求賢令)을 내렸다.

若廉士而後可用, 則齊桓其何以霸世? 今天下得無有被褐懷玉,
而釣於渭濱者乎? 又得無有盜嫂受金, 而未遇無知者乎?
二三子其佐我, 明揚仄陋, 唯才是擧, 吾得而用之. 治平尙德行,
有事賞功能. 疑人勿用, 用人勿疑.

약염사이후가용, 즉제환기하이패세? 금천하득무유피갈회옥,
이조어위빈자호? 우득무유도수수금, 이미우무지자호?
이삼자기좌아, 명양측루, 유재시거, 오득이용지. 치평상덕행,
유사상공능, 의인물용. 용인물의.

만약 청렴한 선비만 기용했다면 제나라 환공이 세상을 평정할 수 있었겠는가? 비록 삼베옷을 입더라도 가슴에 꿈을 품고 위수의 강가에서 낚시하고 있는 사람[1]이 어찌 없겠는가? 또 형수를 훔치고 뇌물을 받았지만[2] 그를 추천해 기용하게 한 위무지를 아직 만나지 못한 사람이 어디 있지 않겠는가? 여러분은 문제가 있더라도 재능이 있으면 천거하라. 내가 등용하겠다. 평화 시에는 덕행이 중요하나, 일이 있으면 공적과 재능을 중시하는 것이다. 의심스러운 사람은 쓰지 않되, 한번 쓴 사람은 의심하지 않겠다.

---

1   강태공(姜太公)을 말함.
2   진평(陳平)을 말함. 항우의 책사였으나 위무지의 도움으로 유방에게 투항한 후 유방을 도와 한나라 건국에 큰 공을 세웠다.

기업이 새로운 가시상술을 통해 차별화를 이룩하고 이렇게 확보한 경쟁력을 바탕으로 성과창출을 지속하기 위해서는 우수한 인재의 확보가 필수적이다. '우수한 인재'를 정보통신기술의 발달에 따른 4차 산업혁명시대의 도래와 글로벌화 등 변화하는 경영환경에서 기업의 사업목표 수행에 적합한 인적 자원이라고 정의한다면 신입사원 위주의 일괄채용 및 배치는 더 이상 채용관리의 문제점을 해결해 주지 못할 것이다. 그보다는 소수의 핵심인재를 수시로 채용하고 전략적 사업수행에 요구되는 수요에 배치하는 방향으로 나가야 할 것이다.

특히 국내 기업의 해외진출과 글로벌 비즈니스가 증가하면서 리더들에게 과거와는 다른 새로운 도전이 추가되었다. 구성원의 다양성을 인정하고 문화적 충격을 최소화할 수 있는 방법을 찾아야 하는 것이다. 특히 해외사업의 경우에는 다양한 시간대와 보이지 않는 사무실에서 근무하는 구성원을 포용하며 성과를 내야 한다. 해외 인력의 채용 및 관리를 위해 다음 사항을 고려할 필요가 있다.

- 업무수행 능력에 대한 검증은 별개로 하고, 채용 시에 후보자의 정직성과 팀웍을 우선적으로 평가한다. 기업문화를 고려하여 지원자의 인성을 신중하게 심사한다.
- 다양성을 고려하여 지배구조와 직원의 구성비 등을 정한다.
- 차별금지 등을 포함하는 행동강령(Code of Conduct)을 제정해 조직이 구성원에게 기대하는 행동규범을 명확하게 주지시키고 동의를 구한다. 동문회, 동향모임 등 파벌조장의 가능성이 있는 단체행동을 금지한다.
- 화상회의, 워크숍 등을 통해 커뮤니케이션을 강화한다.
- 업무현황을 파악하기 위해 프로젝트관리를 위한 전용 소프트웨어를 활용한다.

동가식서가숙
東家食西家宿
동녘동 집가 먹을식 서녘서 집가 잘숙

동쪽 집에서 밥을 먹고 서쪽 집에서 잠을 잔다. 즉 원래는 지나친 욕심을 뜻하는 표현이었으나, 지금은 떠돌아다니면서 지내는 삶 또는 지조 없는 사람을 비유하는 말이다.

[출전] 태평어람(太平御覽)[1]

중국 제(齊)나라[2] 어느 고을의 한 처녀에게 두 집안에서 한꺼번에 청혼이 들어왔다. 그런데 동쪽 마을의 젊은이는 부유하지만 추남이었고, 서쪽 마을의 젊은이는 미남이지만 가난했다. 처녀의 부모는 판단하기 어려워 당사자인 딸의 의견을 묻기로 했다.

汝欲東家則左袒, 欲西家則右袒. 其女兩袒. 父母間其故, 對曰,
願東家食而西家宿.
여욕동가즉좌단, 욕서가즉우단, 기녀양단. 부모문기고, 대왈,
원동가식이서가숙.

동쪽에 있는 집의 총각과 결혼하고 싶으면 왼쪽 소매를 걷고, 서쪽에 있는 집의 총각과 결혼하고 싶으면 오른쪽 소매를 걷어라. 그러자 딸은 양쪽 소매를 모두 걷었다. 부모가 그 이유를 묻자 딸이 대답했다. 밥은 동쪽 집에서 먹고 잠은 서쪽 집에서 자고 싶어요.

---

1 송(宋)나라 태종(太宗) 조광의(趙光義)의 명을 받아 이방(李昉) 등이 편집한 백과사전이다. 초기의 명칭은 태평류편(太平類編) 또는 태평편류(太平編類)였으나 태종이 1년 동안 읽었다고 해서 태평어람으로 고쳐 부르게 되었다.
2 오늘날의 산동성(山東城) 지방이다.

직원의 채용은 이력서 검토와 간난한 면섭만을 서쳐 이무여시는 경우도 있지만, 적성검사와 기능시험 및 사고력 검증을 위한 논문 작성시험을 포함해서 복잡한 절차를 거치는 경우도 있고, 심지어 사회성이나 리더십, 토론 능력 등을 검증하기 위해 2박 3일간 합숙 면접을 실시하는 경우와 같이 채용에 매우 신중을 기하기도 한다. 일반적으로 대기업보다는 중견기업이, 중견기업보다는 중소기업이 우수한 직원을 채용하는 데 더 불리한 것이 현실인데, 중소기업의 직원채용 시 주의할 점이 있다.

첫째, 설사 기간이 연장되고 비용이 추가되더라도 접수기간을 늘리는 한편 헤드헌터와 온라인 취업포털 등 채널을 다양화해서 되도록 많은 지원자를 확보한다. 특별히 운이 좋지 않다면, 지원자가 적을수록 원하는 수준의 직원을 채용할 가능성이 낮아지기 때문이다. 기다리는 자가 진정한 기회를 잡는다.

둘째, 드문 일이기는 하지만 중간관리자가 우수한 지원자를 의도적으로 배척할 가능성을 배제하기 어렵다. 당나라 현종 때 간신 이임보(李林甫)는 자기보다 훌륭한 사람이 등용되지 못하도록 미리 막았다. 모름지기 지금 있는 직원보다 더 우수한 직원을 채용해야 조직이 성장한다. CEO보다 우수한 임원이 회사를 발전시킨다.

셋째, 얼마 근무하지 않고 이직할까봐 두려워서 우수한 지원자를 지레 포기하는 우를 범해서는 안 된다. 제갈공명은 위나라나 오나라가 아니라 삼국 중에서 가장 작은 촉나라를 선택했다. 지원자가 우수하면 그만큼 성장할 수 있는 기회를 제공하고, 성과와 보상을 연계하여 대우하면 될 일이다. 제나라 처녀가 '부유한 미남 총각'과 결혼하고 싶은 것처럼 기업도 다재다능한 후보자라면 당연히 욕심 내야 한다. 용기 있는 자가 미인을 얻는 법이다.

낭중지추
囊中之錐
주머니 낭 가운데 중 갈 지 송곳 추

주머니 속의 송곳. 즉 뛰어난 사람은 숨어 있어도 저절로 눈에 띄게 됨을
비유하는 말이다.

[출전] 사기(史記) 평원군 우경열전(平原君虞卿列傳)

중국 전국시대 진(秦)나라가 쳐들어오자 조(趙)나라 혜문왕(惠文王)
은 평원군(平原君)을 초(楚)나라에 보내 구원을 요청하기로 했다. 이
에 평원군이 수행원 20명을 뽑는데, 한 명이 모자라 고심하던 중 모
수(毛遂)라는 사람이 자기를 추천[1]하자 평원군이 말했다.

> 夫賢士之處世也, 譬若錐之處囊中, 其末立見. 今先生處勝之門下三
> 年於此矣. 左右未有所稱誦, 勝未有所聞, 是先生無所有也.
> 先生不能, 先生留.
> 부현사지처세야, 비약추지처낭중, 기말입견. 금선생처승지문하삼
> 년어차의. 좌우미유소칭송, 승미유소문, 시선생무소유야.
> 선생불능, 선생유.

현명한 선비가 세상사는 것에 비유하면 주머니 속에 있는 송곳과
같아서 그 끝이 튀어나온다고 하는데, 선생은 지금까지 식객으로
3년이나 있었지만 사람들이 칭찬하지도 않고 나도 듣지 못했소.
이는 선생이 재능이 없는 까닭이니 남으시오.

그러자 모수가 말했다. "저를 진즉 주머니 속에 넣었더라면 송곳
이 주머니를 뚫고 나왔을 것입니다." 그런데 초나라와 협상하면서
평원군과 다른 19명이 좀처럼 진전을 이루지 못하던 중 이렇게 뽑
힌 모수가 직접 초나라 왕을 설득해서 동맹이 성공했다.

---

1   모수자천(毛遂自薦)이라는 고사성어가 여기에서 유래했다.

조직 내에서 결원으로 인한 충원의 필요성이 있거나 프로젝트 또는 사업 확장 등을 위해 특정 인력이 필요한 경우에 내부 공고를 통해 인력을 재배치하는 방법으로 '내부공모'(Job Posting)제도가 있다. 미국이나 유럽 등에서는 오래 전부터 일반화된 제도이다.

이 제도는 사보, 게시판, 인트라넷 등을 활용해서 모집부문, 인원, 근무지, 자격요건 및 선발기준 등을 공지하고, 지원자 가운데 선발하여 배치하는데, 구성원들에게도 새로운 기회를 제공한다는 장점이 있다. 그러나 실제로는 운용의 묘를 살리지 못하면 득보다 실이 많을 수도 있다. 효과를 극대화하고 부작용을 예방하기 위해서는 내부공모에 대한 투명한 기준을 수립하여 운용하고 아래와 같은 점에 주의할 필요가 있다.

- 지원자가 기존 부서의 관리자에게 자신의 지원 사실을 미리 알리는 경우에는 갈등이 발생하거나 지원 자체가 어려워질 수 있으므로, 서류심사를 통과하여 적어도 모집부서 관리자의 면접 후보자로 1차 선발되기까지는 비밀유지가 보장되어야 한다.

- 모집부서에서 직무에 적합하다고 판단하는 지원자의 경우에는 기존 부서에서도 내주기 어려운 핵심요원인 경우가 많다. 따라서 기존 부서의 원활한 업무수행을 위해 해당 인력의 재배치 후에 예상되는 문제점에 대한 해결책이 마련되어야 한다. 기존 부서 내 다른 구성원들의 업무량 증가 및 동료의 이탈로 인해 사기가 저하될 수 있기 때문이다.

- 선발과정에서 탈락한 지원자가 심리적 위축감을 느끼고, 불성실한 태도를 보이거나 이직으로 이어질 수 있다.

선시어외
先 始 於 隗
먼저 선 비로소 시 어조사 어 높을 외

우선 곽외(郭隗)부터 시작한다. 즉 큰일을 하려면 우선 쉬운 것부터 하거나 말을 꺼낸 사람부터 시작하는 것을 비유하는 말이다.

[출전] 전국책(戰國策) 연책(燕策) 소왕(昭王)

중국 전국시대 연(燕)나라 소왕(昭王)이 부국강병에 필요한 지혜로운 신하를 얻기 위해 조언을 구하자 곽외(郭隗)라는 사람이 대답했다.

臣聞古之君人, 有以千金求千里馬者, 三年不能得, 涓人言於君曰,
請求之. 三月得千里馬, 馬已死, 買其首五百金, 反以報君. 君大怒.
涓人曰, 死馬且買之五百金, 況生馬乎? 於是不能期年,
千里之馬至者三. 今王誠欲致士, 先始於隗.
신문고지군인, 유이천금구천리마자, 삼년불능득, 연인언어군왈,
청구지. 삼월득천리마, 마이사, 매기수오백금, 반이보군. 군대로.
연인왈, 사마차매지오백금, 황생마호? 어시불능기년,
천리지마지자삼. 금왕성욕치사, 선시어외.

제가 듣기로 옛날에 어느 왕이 천금을 주고서라도 천리마를 구하고 싶었는 데 3년 동안이나 구하지 못했습니다. 그러던 어느 날 한 하급 관리가 천리마를 구해 오겠다고 말했습니다. 그는 3개월이 걸려 천리마를 발견했지만 천리마는 이미 죽은 뒤였습니다. 그가 오백 냥을 주고 죽은 말의 대가리를 사와 왕에게 보고하니 왕이 크게 노했습니다. 그러자 그는 죽은 말을 사는데 오백 냥이나 주었으니 하물며 살아 있는 천리마는 어떻겠느냐고 말했습니다. 과연 1년이 지나지 않아 천리마가 세 필이나 모였다고 합니다. 지금 왕께서 진심으로 뛰어난 인재를 원하신다면 우선 저 곽외부터 시작하십시오.

소왕이 먼저 곽외를 능봉하고 그늘 위안 궁선을 시어 머물도록 하는 등 극진하게 예우하자 아니나 다를까 천하의 인재들이 모여들었다. 위나라에서 악의(樂毅), 제나라에서 추연(騶衍), 조나라에서 극신(劇辛) 등이 찾아온 것이다. 28년 뒤, 연나라는 매우 부강한 나라가 되었고 군사들은 싸움을 두려워하지 않았다. 소왕은 악의를 상장군으로 삼고 진(秦), 초(楚) 등과 연합해 제(齊)나라를 공격하여 마침내 원수를 갚았다.

CEO의 능력만으로 사업을 일구는 것은 가능하지만 키우는 것은 인재가 있어야 가능하다. 유비가 중국을 삼분하여 촉을 세우고 황제에 오를 수 있었던 것도 제갈공명과 같은 인재를 얻었음이요, 유방이 4년에 걸친 싸움에서 항우를 격파하고 한나라를 건국할 수 있었던 것도 역시 소하(蕭何), 장량(張良), 한신(韓信)과 같이 유능한 신하와 장수들을 곁에 두었기 때문이다.

유교의 가르침 중에 사람들의 관계를 규율하는 오륜(五倫)[1]이 있는데, 그 중 군신유의(君臣有義)는 군주와 신하 사이에는 의리가 있어야 함을 강조한다. 의리는 약속을 실천하는 것이다. 옛말에 '남아일언중천금'(男兒一言重千金)이라고 했다. 약속의 중요성을 강조한 가르침이다. 그런데 자신이 한 약속을 지키지 않는 사람이 하도 많다 보니 과거에 풍선껌으로 불어 만든 풍선이 금방 터져버리는 데 빗대어 '남아일언풍선껌'이라는 말이 유행한 적도 있다. 모름지기 리더라면 말을 하는데 있어 신중해야 하며 한 번 한 말은 반드시 책임을 져야 한다. 영어로는 Walk the Talk라는 표현이 그것이다.

---

1 부자유친(父子有親), 군신유의(君臣有義), 부부유별(夫婦有別), 장유유서(長幼有序), 붕우유신(朋友有信)

절차탁마
切 磋 琢 磨
끊을 절 갈 차 다듬을 탁 갈 마

옥이나 돌 따위를 갈고 닦아서 빛을 낸다. 즉 학문이나 기술, 인격을 갈고
닦는 것을 비유하는 말로 쓰인다.

[출전] 시경(詩經)[1] 국풍(國風) 위풍(衛風) 기오(淇奧)

위(衛)나라 무공(武公)의 덕을 칭송하기 위해 지었다는 시에 나온다.

瞻彼淇奧, 綠竹猗猗, 有匪君子, 如切如磋, 如琢如磨,
瑟兮僩兮, 赫兮喧兮, 有匪君子, 終不可諼.
첨피기오, 녹죽의의, 유비군자, 여절여차, 여탁여마,
슬혜한혜, 혁혜훤혜, 유비군자, 종불가훤.

저 기수 물굽이 돌아 흐르고
푸른 대나무 시원해 보이네.
우리 님은 깎고 다듬은 듯
쪼고 닦아 만든 듯 빛이 나네.
말은 없어도 속은 깊어
빛나고 훤칠한 우리 님을
아무래도 잊지 못하네.

---

1 기원전 470년경에 만들어졌으며, 고대 중국의 풍토와 사회를 배경으로 사람들의 생
   활을 노래한 가장 오래된 시가집이다.

조직의 성과는 구성원에 대한 교육훈련의 징모와 인재게빌의 어부에 달려 있다고 해도 과언이 아니다. CEO는 조직의 성공을 위해서 구성원들의 교육훈련과 인재개발이 매우 중요한 요소임을 인식하고, 강한 의지를 보여줌으로써 자신의 경영철학을 공유해야 한다.

교육훈련과 인재개발은 당장의 생산성 증대를 위해서도 필요하지만, 변화와 혁신을 기반으로 조직이 발전하는 단계에서 구성원들이 자신의 직무에 적용되는 새로운 기술을 습득하기 위해서도 없어서는 안 된다. 채용과 직무재배치를 위해서만 교육훈련이 필요한 것으로 오해하지만 사실은 그렇지 않다. 교육훈련은 변화하는 직무수행요건에 적응하는 한편 조직이 필요로 하는 역할에 언제든지 투입 가능한 인재를 미리 준비하는 방법이다. 교육훈련은 지속 가능한 경쟁력을 배양하는 동력이 된다. 그러므로 교육훈련은 전사적 인재관리의 차원에서 개인의 성과와 잠재력을 고려하여 핵심역량을 증대할 수 있는 방향으로 이루어져야 한다. 즉 우수인재에 대한 투자는 강화하고 저성과자나 교육의 성과가 저조한 경우에는 감축을 고려한다.

예기(禮記)에 이르기를 "옥은 다듬지 않으면 그릇이 되지 않으며, 사람은 배우지 않으면 도리를 알지 못한다"고 한다.[2] 옥을 가공할 때에는 먼저 원석에서 옥을 떼어내는 절(切), 다음에 원하는 크기로 자르는 차(磋), 연장을 써서 필요한 모양으로 쪼아내는 탁(琢), 윤기 나게 갈고 닦는 마(磨)라고 하는 절차탁마의 과정을 거친다. 원석이 길고 어려운 과정을 통해 아름다운 보석으로 태어나는 것처럼 사람도 끊임없이 교육하고 학습해야 쓸모가 커진다.[3]

2　玉不琢不成器, 人不學知道. 옥불탁불성기, 인불학부지도.
3　논형(論衡) 양지(量知)

백미

白眉

흰 백 눈썹 미

흰 눈썹. 뛰어난 무리 가운데서도 가장 뛰어난 사람 또는 작품의 내용 중에서 가장 뛰어난 부분을 비유하여 이르는 말이다.

[출전] 삼국지(三國志) 촉서(蜀書) 마량전(馬良傳)

중국의 촉(蜀)나라 장군 마량(馬良)은 자가 계상(季常)으로 그의 다섯 형제는 모두 걸출한 인물이었다. 그런데 형제들 중에서도 마량의 재주가 가장 뛰어났기 때문에 사람들은 이렇게 말했다.

馬氏五常, 白眉最良. 良眉中有白毛, 故以稱之.
마씨오상, 백미최량. 양미중유백모, 고이칭지.

마씨의 오상[1] 가운데 가장 뛰어난 사람은 흰 눈썹이다. 마량의 눈썹이 흰색이므로 백미라고 불렀다.

이와 같이 재주가 가장 뛰어난 마량의 눈썹이 흰색이었다는 데서 유래하여 백미는 뛰어난 무리 가운데서도 가장 뛰어난 것을 비유하는 말로 쓰이게 되었다. 유비가 형주(荊州)를 되찾고 관우의 원수를 갚기 위해 서기 221년 오(吳)나라를 공격한 싸움인 이릉(夷陵)전투 중에 숲속에 진을 쳤다가 육손(陸遜)의 화공(火攻)을 받아 대패하고 병을 얻어 세상을 떠났는데, 바로 그 전투에서 마량도 전사했다. '읍참마속'(泣斬馬謖)이라는 고사성어의 주인공인 마속(馬謖)은 마량의 동생이다.

---

1 대개 '첫째, 둘째, 셋째, 넷째, 다섯째'의 순서를 나타내는 '백중숙계유'(伯仲叔季幼)의 순서대로 이름이나 자를 지었다. 마씨 형제들은 자에 모두 상(常)이 들어 있었기 때문에 다섯 형제를 오상(五常)이라고 불렀다. 첫째 마현(馬玄)은 백상(伯常), 둘째 마강(馬康)은 중상(仲常), 셋째 마진(馬津)은 숙상(叔常), 넷째 마량(馬良)은 계상(季

인재심토 프로그램으로 평가사의 구관을 배제하고 보다 객관적인 심사를 가능하게 하는 것으로 매킨지 컨설팅사가 GE를 위해 개발한 '9 Box Matrix'를 응용한 모형[2]이 많이 사용된다. 이 모형은 X축에는 피평가자의 성과의 정도를, Y축에는 성장잠재력의 정도를 표시하여, 성과와 잠재력의 조합으로 이루어진 9개의 격자를 만든 다음 피평가자가 어느 격자에 해당되는지 판단함으로써 인재를 분류하는 방식을 쓰고 있다.

	낮음 ← 성과 → 높음		
잠재력 높음	Enigma 수수께끼	Growth Employee 성장	Star 스타
	Dilemma 딜레마	Core Employee 보통	High Impact Performer 상위 고성과자
낮음	Under Performer 저성과자	Effective 효율적	Trusted Professional 고성과자

(1) 각 격자별로 배정할 구성원의 비율을 정한다. 이때 전사적으로 동일한 비율을 적용하도록 한다.

(2) 각 구성원의 성과와 잠재력을 평가한 후 격자별 배정비율을 고려하여 해당되는 격자에 배치하고 인사자료로 활용한다.

(3) 잠재력의 정도에 따라 High Potential 1, 2, 3으로 구분하여 인재육성(Career Development) 프로그램을 실행한다.

常), 다섯째는 마속으로 자가 유상(幼常)이었다.

2 Tomasz Tunguz, http://tomtunguz.com/nine-box-matrix-hr/

남귤북지
南橘北枳
남녘 남 귤귤 북녘 북 탱자 지

남쪽 땅의 귤나무를 북쪽 땅에 심으면 탱자나무가 된다. 즉 사람도 그가 처해 있는 환경에 따라 달라진다는 것을 비유하는 말이다.

[출전] 안자춘추(晏子春秋)

중국 초(楚)나라 영왕(靈王)은 제(齊)나라의 재상 안영(晏嬰)[1]이 사신으로 온다는 소식을 듣자, 모욕을 주기 위해 신하들과 모사를 꾸몄다. 안영이 도착하자 연회 중에 포졸들이 한 사람을 끌고 왔다. 영왕이 물었다. "그자는 무슨 죄를 지었느냐?" 포졸이 대답했다. "제나라 사람인데 도둑질을 했습니다." 그러자 영왕이 안영을 보며 말했다. "제나라 사람은 원래 도둑질을 잘 하는가?" 안영이 대답했다.

> 橘生淮南則橘, 生于淮北則爲枳, 葉徒相似, 其實味不同. 水土異也.
> 所以然者何? 今民生長於齊不盜, 入楚則盜,
> 得無楚之水土使民善盜耶?
> 귤생회남즉귤, 생우회북즉위지. 엽도상사, 기실미부동. 수토이야.
> 소이연자하? 금민생장어제부도, 입초즉도,
> 득무초지수토사민선도야?

귤은 회남에서 자라면 귤이 되지만 회북에서 자라면 탱자가 됩니다. 잎은 비슷해도 열매의 맛은 다릅니다. 자연환경이 다르기 때문입니다. 백성이 제나라에서 나고 자라면 도둑질을 안 하지만, 초나라에 오면 도둑질을 합니다. 무슨 까닭일까요? 이는 초나라의 자연환경이 백성들로 하여금 도둑질을 잘하게 만드는 것이 아니겠습니까?

---

1 중국 춘추시대 제나라의 상대부(上大夫)로 영공(靈公), 장공(莊公), 경공(景公) 3대에 걸쳐 58년간 재상을 지내며 제나라를 강국으로 발전시켰다.

한(漢)나라의 고조(高祖) 유방(劉邦)은 선낙의 소하(蕭何), 진투의 한신(韓信), 관리 및 보급의 장량(張良) 등 유능한 신하와 장수들을 확보하고 적재적소에 활용하는 데 능숙했다. 이처럼 탁월한 재능이 있는 사람을 가까이 두고, 각자의 재능에 알맞은 직무를 부여하는 것이 조직을 성공으로 이끄는 길이다.

흔히 말하기를 사람은 많은데 인재가 없다고 한다. 특히 중소기업을 경영하면서 가장 어려운 점은 기술개발이나 판매보다도 기업활동에 필요한 인재를 확보하거나 유지하는 일이라는 데 공감하지 않는 CEO는 만나보지 못했다. 사람을 필요로 하는 대부분의 조직은 구성원을 선발하는 과정에서 오랜 시간과 많은 노력을 들이는 데에 예외가 없다. 그러나 상식적으로 생각해도 담당업무에 따라 필요한 재능이 각기 다를 터인데 정작 치르는 시험은 똑같다. 영업직과 경리부 직원의 선발기준이 별로 다르지 않다는 말이다. 교육훈련도 마찬가지다. 누구나 천편일률적인 교육을 받은 다음 부서에 배치된다.

개인의 적성이나 핵심역량을 근거로 성장을 지원하며, 효율적인 업무수행을 통해 조직의 성과를 극대화하기 위해 필요한 것이 바로 적재적소 인사원칙의 핵심이지만 현장에서는 잘 지켜지지 않는다. 이의 실행 여부를 파악할 수 있는 방법으로 '다면평가'(360° 피드백)를 적극적으로 활용할 수 있다. 즉 사전에 치밀하게 설계된 설문지를 이용해서 본인과 상사, 동료 및 부하직원들로부터 주기적인 피드백을 받아 개인의 적성이나 핵심역량을 정확하게 파악한 다음에 직무재배치 계획을 수립하고, 본인과 관리자가 새로운 직무와 필요한 교육훈련 및 일정 등에 동의하는 것이 바람직하다. 왜냐하면 본인이 하고 싶은 일과 잘하는 일이 반드시 일치하지 않을 수 있기 때문이다.

칠종칠금
七 縱 七 擒
일곱 칠 세로 종 일곱 칠 사로잡을 금

일곱 번 놓아주고 일곱 번 사로잡았다는 말로 상대를 마음대로 다룸을 비유하거나, 어떻게 해도 이길 수 없다는 것을 깨닫게 해서 마침내 승복하도록 하는 것을 비유하는 말이다.

[출전] 삼국지연의(三國志演義)

중국의 삼국시대 촉(蜀)나라의 유비(劉備)가 세상을 떠나자 각지에서 반란이 일어났다. 제갈량이 적진에 유언비어를 퍼뜨리는 이간책을 쓴 결과 반란군은 자중지란으로 망했다. 그런데 남만(南蠻)[1]의 맹획(孟獲)은 끝까지 버텼다. 이에 제갈량이 군대를 일으켜 맹획을 사로잡았는데, 맹획은 오히려 분함을 참지 못하면서 다시 싸워 패하면 항복하겠으니 놓아달라고 했다.

제갈량은 그 지방에서 절대적 지지를 받고 있는 맹획을 무력으로 굴복시키는 것이 근본적인 해결책은 아니라고 판단했다. 장수 마속(馬謖)도 제갈량에게 말했다. "비록 이번에 진압한다고 해도 다시 반란을 일으킬 것입니다. 무릇 전쟁을 할 때에는 상대의 마음을 공략하는 것이 최선이며, 성을 공략하는 것은 최하입니다. 그러니 그들의 마음부터 복종시켜야 할 것입니다." 제갈량은 맹획을 풀어 주었다. 맹획은 돌아가 전열을 가다듬고 자신이 말한 대로 다시 반란을 일으켰다. 제갈량은 맹획을 다시 사로잡았지만 또 풀어주고, 다시 사로잡고 또 풀어주기를 모두 일곱 번 만에 맹획이 드디어 진심으로 승복하여 더 이상 반란을 일으키지 않았다고 한다.

---

1 오늘날의 운남성(雲南省)과 귀주성(貴州省) 지역이다.

미국의 MIT대학교 더글러스 맥그리거(Douglas McGregor)는 성닝자가 구성원과 함께 조직의 목표를 달성하기 위해서는 먼저 그들의 본성을 파악해야 한다고 주장하고, 동기부여의 관점에서 X이론과 Y이론이라는 가설로 나누어 놓고 'X-Y이론'을 주장했다.[2]

- X이론의 가설: 인간은 본능적으로 일하기를 싫어하므로 가능하면 일을 회피하려고 한다. 책임질 일을 하지 않고 지시받기를 좋아하며 안전을 먼저 생각한다. 따라서 조직의 목적을 달성하기 위해서는 유인책으로 금전적 보상을 사용하고, 동시에 명령과 통제, 상벌제도 등을 통해 동기를 부여해야 한다.

- Y이론의 가설: 인간에게 노동은 놀이나 휴식과 마찬가지로 자연스러운 것이며, 맡은 바 목표를 달성하기 위해 반드시 자신의 능력을 발휘하고 일을 통해 자아를 실현하려고 한다. 외부로부터의 통제나 징계 등이 목표달성을 위한 좋은 방법이라고 할 수 없다. 경영자는 자율적이고 창의적으로 일할 수 있는 환경을 조성하고 목표만 관리하면 된다.

더글러스 맥그리거는 경영자가 X이론과 Y이론 중 어느 가설을 믿느냐에 따라 관리방식이 달라진다고 하면서 X이론을 낡은 것이라고 비판하고 Y이론에 따라서 관리해야 한다고 주장했다. 그런데 현장에서 보면 사람마다 다르고, 같은 사람이라도 상황에 따라 달라진다. 시간이 흐르면서 변하기도 한다. 그러므로 구성원의 마음가짐과 처한 상황에 따라 관리방식을 유연하게 적용하는 것이 효과적일 수 있다. 그런데 제갈량은 과연 어떤 가설에 따라 행동했을까?

---

2 더글러스 맥그리거 지음, 한근태 옮김, 기업의 인간적 측면, 미래의 창, 2006.

오하아몽
吳 下 阿 蒙
성씨 오 아래 하 언덕 아 어두울 몽

오나라의 어리석은 여몽이라는 뜻으로, 학식이 짧은 사람이나 진보가 전혀 없는 사람을 비유하는 말이다.

[출전] 삼국지(三國志) 오서(吳書) 여몽전(呂蒙傳) 배송지의 주석

중국 삼국시대 오(吳)나라의 장수 여몽(呂蒙)은 집안사정 때문에 공부는 못했지만 무술이 뛰어나서 오나라가 세력을 확장하는 데 크게 공헌했다. 그런데 그의 학식이 부족한 점을 안타까워하던 손권(孫權)이 독서를 통해 지식을 넓히도록 여몽에게 권했다. 훗날 오나라의 명장 주유(周瑜)의 후임으로 임명된 노숙(魯肅)이 부임길에서 여몽을 만나, 당시 형주(荊州)에 주둔하던 촉(蜀)나라의 관우(關羽)에 관한 대책을 논의하다가 여몽의 지략에 감탄하여 이렇게 말했다.

吾謂大弟但有武略耳, 至於今者, 學識英博, 非復吳下阿蒙.
오위대제단유무략이, 지어금자, 학식영박, 비복오하아몽.

나는 자네를 지금까지 무예와 계략 밖에 모르는 후배로 여겼는데, 이제 보니 박학다식하여 이미 오나라 시골에 살던 어리석은 여몽이 아니구나.

이에 여몽이 대답했다.

士別三日, 卽更刮目相待.
사별삼일, 즉경괄목상대.

선비는 헤어져 3일이 지나 다시 만나면 눈을 비비고 상대할 정도로 달라집니다.

1982년, 톰 피터스(Tom Peters)[1]는 로버트 워터맨(Robert Waterman)과 함께 당시 미국에서 잘 나가던 기업을 분석한 후 변화와 혁신을 위해서는 스타일, 기술, 구성원, 공유가치 등의 소프트(soft)한 요소를 중시해야 한다고[2] 했다. 기업을 움직이는 것은 사람이므로 성과를 창출하기 위해서는 구성원들이 열정을 가질 수 있도록 동기부여에 힘쓰는 기업문화가 필요하다는 것이다.[3]

동기부여는 조직의 구성원에게 자극을 주어 의욕을 불러일으키거나 행동하도록 하는 것으로 정의한다. 동기부여에는 세 가지 요소가 있는데, 첫째는 개인과 조직의 목적이 일치하는지에 관한 합치여부, 둘째는 행동의 강도로 나타나는 몰입도, 셋째는 성과를 달성할 때까지 행동을 이어나가는 지속성이 그것이다.

동기부여를 위해서는 구성원들이 조직의 목표를 이해하고 하는 일에 대해서 자부심을 느낄 수 있어야 한다. 구성원의 공감을 불러일으키는 조직의 기업문화를 만들고 생명을 불어넣어 전파하는 일은 리더의 몫이다. 리더가 자율적 의식을 가진 존재인 구성원과 인내심을 가지고 경영철학을 공유할 때 구성원들의 마음속에서 동기부여가 힘을 발휘한다. 손권은 여몽에게 국가를 위해 더 큰일을 하려면 병서와 사서를 읽어 자기계발을 할 필요가 있다고 권했다. 싸움만 잘하던 여몽이 동기부여를 통해 마침내 지략이 뛰어난 장수로 변모한 것이다.

---

1 변화와 혁신을 내세워 경영 컨설턴트로 활약한 톰 피터스는 기업의 우수성을 고객, 혁신, 사람의 3대 요소로 설명하고 그 중심에 리더십이 있다고 했다.

2 매킨지의 조직진단을 위한 7S 모형에서 하드(hard)한 전략(Strategy), 시스템(System), 구조(Structure)와 소프트(soft)한 스타일(Style), 기술(Skill), 공유가치(Shared Value), 구성원(Staff)을 기업문화를 구성하는 요소로 보았다.

3 톰 피터스 지음, 이동헌 옮김, 초우량기업의 조건, 더난출판, 2005.

도불습유
道 不 拾 遺
길 도 아닐 불 주을 습 잃을 유

길에 떨어진 재물을 줍지 않는다. 즉 나라가 태평하고 도덕이 바로 서 길에 재물이 떨어져 있어도 주워가지 않음을 비유하는 말이다.

[출전] 사기(史記) 상군열전(商君列傳)

중국의 전국시대 진(秦)나라가 막강해진 것은 법가(法家)사상을 채택한 때문이라고 한다. 특히, 효공(孝公)이 상앙(商鞅)[1]을 기용해 두 차례에 걸쳐 시행한 변법(變法)이 크게 기여했는데, 형벌이 너무 가혹해서 사람들이 두려워했다. 심지어 태자와 상앙 자신의 스승도 예외 없이 법에 따라 처벌했다. 그는 치안유지 및 지배체제의 확립을 위해 호적제도를 대폭 정비한 후 5호, 10호 단위로 묶어 이웃을 감시하고 법을 어기는 행위가 있으면 고발하게 하는 연좌제를 실시했다.

> 行之十年, 秦民大說, 道不拾遺, 山無盜賊, 家給人足. 民勇於公戰,
> 怯於私鬪, 鄕邑大治.
> 행지십년, 진민대열, 도불습유, 산무도적, 가급인족. 민용어공전,
> 겁어사투, 향읍대치.

법 시행 후 10년이 지나자 진나라 백성들은 크게 기뻐하고, 길에 떨어진 물건을 줍는 사람과 산적이 없어지며, 집집마다 풍족하고 사람마다 만족하였다. 백성들은 전쟁에 나아가서는 용감하지만 자기들끼리는 두려워 싸우지 않았다. 온 나라가 잘 다스려졌다.

---

1 상앙의 본명은 공손앙(公孫鞅)으로, 위나라를 쳐서 굴복시킨 공으로 상오(商於)를 식읍으로 받고 상군(商君)에 봉해져 상앙(商鞅)이라고 불렀다. 후에 반대파가 모반죄로 몰아 거열형(車裂刑)을 당했다.

훌륭한 조직은 경영진이나 기획부가 만드는 것이 아니라 구성원들이 자발적으로 만드는 것이다. 구성원에게 아무리 타고난 능력과 뛰어난 전문성이 있어도 사기가 떨어져 의욕이 없다면 자신의 능력을 다해 조직이 원하는 만큼 성과를 내기는 어렵다. 동기부여가 필요한 시점이다. 동기부여는 일반적으로 내재적인 것과 외인성인 것으로 나눈다.

'내재적 동기부여'(Intrinsic Motivation)'는 자연발생적이다. 이는 어려운 일이 있어도 작업의 성과를 높이기 위해 참으면서 일하고, 자신이 좋아하는 직원들과 친하게 지내려고 하는 것과 같은 개인적인 욕구이다. 내재적 동기부여에 따라 행동하는 사람들은 만족도가 높다. 즐겁게 일하면서 좋은 성과를 내게 된다.

'외인성 동기부여'(Extrinsic Motivation)는 구성원들이 경영진이나 조직이 기대하는 일을 하도록 유인할 수 있는 외적인 수단을 이용한다. 예를 들면, 급여인상, 승진, 보너스 등의 긍정적 요인과 징계나 해고와 같은 부정적 요인이 그것이다.

그런데 동기부여의 요인은 사람마다 다를 수 있으므로 동기부여가 성공하기 위해서는 구성원 개인의 사고방식이나 행동양식에 알맞은 동기부여 요인을 파악하고, 내재적 요인과 외인성 요인의 적절한 조합을 찾아서 적용하는 것이 중요하다.

도쿄에서 2016년 한 해 동안 돈을 주워서 경찰에 신고한 금액은 약 368억 원이며, 그 중 4분의 3이 주인을 찾았다. 일본의 분실물법에 의하면 주인이 나타나면 사례금으로 5~20%를 받고, 3개월이 지나도 나타나지 않으면 신고한 사람에게 전액 지급하는 조항이 있어서 이처럼 정직한 행동을 하게 된다고 한다.[2]

---

2 중앙일보. 2017.3.15.

남우충수
濫竽充數
넘칠 남 피리 우 채울 충 셈 수

피리를 불 줄 모르는 악사로 숫자를 채우다. 즉 무능한 사람이 능력이 있는 체하거나 실력이 없는 자가 높은 벼슬을 차지하는 것을 비유하는 말이다.

[출전] 한비자(韓非子) 내저설상 칠술편(內儲說上七術篇)

한비자는 군주가 신하를 다스리는 일곱 가지 방법(七術)을 설명하면서 네 번째인 "신하들의 의견을 자세히 듣고 그대로 하는지 확인한다"에 대해 다음 예를 들었다. 중국 춘추시대 제(齊)나라 선왕(宣王)은 음악을 좋아했는데 특히, 큰 생황인 우(竽)를 즐겨 들었다. 그리고 왕의 권위를 보여주기 위해서 300명에 이르는 대규모 악단을 만들어 합주를 시켰다. 어느 날 악단에 있는 친구에게서 연주자를 충원한다는 소식을 들은 남곽(南郭)이라는 사람이 친구에게 부탁하여 우를 못 불지만 잘 부는 체하고 악단에 들어갔다. 그는 그럴듯하게 시늉을 냈으므로 다른 연주자들도 알지 못했다.

> 齊宣王使人吹竽, 必三百人. 南郭處士請爲王吹竽, 宣王說之.
> 廩食以數百人. 宣王死, 湣王立. 好一一聽之. 處士逃.
> 제선왕사인취우, 필삼백인. 남곽처사청위왕취우, 선왕열지.
> 늠식이수백인. 선왕사 민왕립. 호일일청지. 처사도.

제나라 선왕이 사람들을 시켜 우를 불게 했는데, 반드시 300명이 합주하게 했다. 남곽이 왕을 위해 연주하겠다고 청하자 선왕이 기뻐하면서 수백 명 분의 녹봉을 하사했다. 선왕이 죽자 민왕이 즉위했는데, 독주를 좋아했다. 그러자 남곽은 도망치고 말았다.

대개의 조직은 전체 구성원의 20퍼센트는 최선을 다해 성실하게 근무하며 성과를 내는데 비해 나머지 80퍼센트는 자리만 지킬 뿐 성과는 내지 못하고 성실하게 근무하는 동료에게 묻어간다고 한다. 조직이 커지고 복잡해지면 개인적인 무능함이 잘 드러나지 않기 때문이다.

기업에서는 목표에 의한 관리(MBO) 내지는 성과평가 및 역량평가를 통해 임직원을 여러 등급으로 구분하여 당해 연도 보너스뿐만 아니라 급여인상률과 승진, 보직, 교육훈련의 제공 등 모든 면에서 폭넓게 차등을 두어 엄격하게 적용함으로써 남우충수를 경계하는 한편, 기여도가 높은 임직원들에게는 더 많은 기회를 보장하기도 한다. 예를 들면, 최상위 등급의 인재에게는 파격적인 대우를 하지만 최하위 등급으로 분류된 직원에게는 모든 면에서 아무런 혜택도 주지 않는 식이다.

그런데 이와 같은 성과급 제도를 시행하는 경우에 경계해야 할 문제는 바로 유능한 인재가 능력을 발휘하지 못하도록 능력이 없거나 모자라는 구성원들이 방해하거나, 조직으로부터 인정받는 것을 시기함으로써 결과적으로 사기가 저하된 유능한 인재는 이탈하고 무능한 구성원만 남게 되는 부정적인 조직문화를 초래할 수 있다는 점이다. 악화가 양화를 구축하는 것이다.

아울러서 최하위 등급으로 분류되어 급여인상과 승진 등의 혜택이 배제된 직원은 사기가 저하되어 업무성과가 더욱 나빠질 가능성이 있으므로 이에 대한 관리 대책이 필요하다.

금낭묘계
錦囊妙計
비단 금　주머니 낭　묘할 묘　셀 계

비단주머니에 든 신기한 계책

[출전] 삼국지연의(三國志演義)

중국 삼국시대 오(吳)나라의 주유(周瑜)는 유비(劉備)의 세력이 점점 커져가자 유비를 제거할 목적으로 손권(孫權)의 여동생을 유비에게 시집보내는 척하는 미인계를 쓰기로 한다. 그러나 제갈량(諸葛亮)은 이 계략을 눈치 채고 오히려 진짜결혼으로 만들어 버리면 유비가 손권의 누이를 아내로 맞이할 수 있을 뿐만 아니라 오나라와의 관계를 더욱 공고히 할 수도 있다고 판단했다.

제갈량은 조자룡(趙子龍)에게 결혼식을 위해 오나라에 가는 유비를 호위하도록 임무를 부여하고 세 개의 비단주머니(金囊)를 건네주면서 말했다. "주머니 속에는 계책이 하나씩 들어 있으니 어려운 일이 닥치면 순서대로 꺼내보고 지시에 따르라." 첫 번째 주머니에 든 계략은 손권과 주유가 생각한 거짓결혼을 진짜결혼으로 소문을 내서 결혼을 만천하에 기정사실화하는 것이었고, 두 번째 주머니에는 유비가 손권의 누이와 결혼한 후 그 곳에 머물게 되면 손권의 술수에 빠져 그들의 손에 죽을 것 같아 상황을 모면할 수 있는 방법을 적어 놓았으며, 세 번째 주머니에는 유비가 오나라를 탈출할 때 손권의 여동생인 신부를 이용할 수 있는 방법을 준비해 놓았다.

유비는 손권의 여동생을 신부로 맞이하였고, 조자룡은 어려운 일을 당할 때마다 주머니를 차례대로 꺼내보고 문제를 모두 해결한 후 무사히 형주(荊州)로 돌아왔다.

동서고금을 막론하고 임직원에 내린 보싱은 가장 큰 동기부여 수단 중 하나로 최고의 방법이지만, 잘 쓰면 약이 되고 못쓰면 독이 된다. 금낭묘계가 필요한 일이다. 글로벌 기업의 일반적인 성과급 기반 급여인상 체계는 다음과 같다.

(1) 임직원들의 급여수준을 시장 최고수준 대비 얼마로 할 것인지 기준을 정한다. 즉 목표가 75%인 경우, 경쟁업체들에서 동일직무를 수행하는 직원 중 가장 높은 연봉이 1억 원이라면 이 기업의 해당 직원의 연봉은 7천 5백만 원에 맞춘다는 것이다.

(2) 외부 HR컨설팅 업체에 의뢰하여 매년 직무기술서에 의거하여 전체 임직원과 동일직무를 수행하는 경쟁업체의 급여수준을 조사한다.

(3) 위에서 조사한 시장수준을 바탕으로 모든 임직원의 인상 전 급여수준을 높음, 비슷함, 낮음으로 구분한다.

(4) 다음 해 1월, 기업의 성과 및 물가상승률, 동종업계의 인상률 등을 참고하여 당해 연도의 평균 급여인상률을 책정한다.

(5) 1월말까지 모든 임직원의 전년도 성과에 대해 성과평가와 역량평가를 실시하고 3~5개 등급으로 분류한다.

(6) 3월 1일부로 개인별 연봉인상률을 적용한다. 하후상박의 기준에 따라 직급별 평균인상률이 상이하므로 직급별로 별도의 인상률표를 준비한다. 5개 등급 기준으로 예를 들면 다음과 같다.

성과평가 / 현재급여	S등급 (10%)	A등급 (20%)	B등급 (55%)	C등급 (10%)	D등급 (5%)
높음	7-12%	4-5%	2-3%	1-2%	0%
비슷함	10-15%	7-8%	4-5%	2-3%	0%
낮음	13-20%	9-10%	6-7%	3-4%	0%

밀운불우
密雲不雨
빽빽할 밀 구름 운 아니 불 비 우

구름은 잔뜩 끼었으나 비가 되어 내리지는 않는다. 즉 조건은 성숙했지만 일이 성사되지 않아 답답한 상황을 비유하는 말이다.

[출전] 주역(周易)[1] 소과괘(小過卦)

고대 중국의 주(周)나라 문왕(文王)은 복희씨(伏羲氏)가 그린 8괘를 64괘, 384효로 해석하여 주나라의 역(易)이라는 뜻으로 주역을 지었는데, 제62괘 소과괘의 육오(六五)는 다음과 같다.

密雲不雨, 自我西郊, 公弋取彼在穴.
밀운불우, 자아서교, 공익취피재혈.

짙은 구름이 가득 끼었으나 비가 내리지 않아 그대 스스로 서쪽 교외로 가고 줄을 매어 쏘는 화살로 굴 안에 있는 그 사람을 얻는다.

당시 주나라는 은(殷)나라의 속국이었다. 그런데 은나라의 마지막 군주인 주왕(紂王)은 주색에 빠져 정사를 멀리하고, 자기에게 반대하거나 눈에 거슬리면 가혹한 법과 형벌로 다스렸다. 유능하고 어진 신하를 멀리하고 간신을 중용하니 백성들의 원망이 들끓었다. 문왕은 주왕이 나라를 잘 다스리지 못하는 상황에서 자기만이라도 백성들에게 덕치(德治)를 베풀고자 했다. 그러나 군주가 아닌 그가 할 수 있는 일이 그리 많지 않은 상황에서 이 괘를 썼다. 훗날 그가 사냥 길에서 만나 등용한 강태공(姜太公)의 도움으로 아들 무왕(武王)이 주나라를 건국하였으니 그의 꿈이 이루어졌다고 할 수 있겠다.

---

1 역은 변역(變易), 즉 변한다는 의미로 천지만물이 끊임없이 변화하는 자연현상의 원리를 설명하고 풀이한 것이다.

조금만 끌어주면 지금보다 훨씬 뚜렷한 성과를 내기가 장래에 더 많은 도전과 책임을 감당할 수 있어 보이는 직원이 있다. 이럴 때 유용하고 효과적인 코칭방법으로 알렉산더(Graham Alexander), 파인 (Alan Fine), 휘트모어(Sir John Whitmore)가 고안한 'GROW 모형'을 활용할 수 있다.

- 1단계: 목표(G)를 설정한다. 구성원의 동의아래 변화가 필요한 행동을 정의하고 SMART 원칙[2]에 따라 목표를 수립한다.

- 2단계: 현재의 상황(R) 또는 문제점을 공유한다. 이 단계에서 성급하게 해결책을 도출하려고 시도하지 않도록 주의한다.

- 3단계: 적용 가능한 옵션(O)을 생각해 본다. 브레인스토밍 기법을 활용하되 가이드 역할에 충실하도록 한다.

- 4단계: 구성원이 목표달성을 위해 무엇(W)을 할 것인지 결정한다. 이 단계에서 리더는 동기부여가 강화되도록 격려한다.

코칭과 시정은 다르다. 질 가이슬러(Jill Geisler)가 코칭과 시정을 대비해서 한 설명이다. "코칭은 동기부여를 통해 이루어지므로 효과가 느리지만 시정은 당장 고치는 것이므로 효과가 빠르다. 코칭은 영구적이며 뚜렷한 변화를 가져오지만 시정은 일시적이며 그렇지 않다. 코칭의 목표는 사람이지만 시정은 제품이나 행동이다. 코칭은 매니저의 역할이고 시정은 수리공의 역할이다."[3]

---

2 Specific(구체적), Measurable(측정가능), Action-oriented(행동 지향적), Realistic(현실적), Time-bound(시간적 제한)의 5가지 요건이 충족되도록 목표를 수립하는 기법이다.

3 질 가이슬러 지음, 김민석 옮김, 해피워크, 처음북스, 2014.

박이부정
博 而 不 精
넓을 박 말 이을 이 아닐 부 정할 정

여러 방면으로 널리 알지만 깊이가 얕고 정밀하지 못함을 이르는 말이다.

[출전] 후한서(後漢書) 마융열전(馬融列傳)

중국 후한(後漢)시대의 정중(鄭衆)과 가규(賈逵)는 학문이 깊어 여러 경서를 연구하고 주석을 달았다. 정중은 관직 생활을 하면서 틈틈이 경전을 연구하고, 후학들을 가르치면서 일찍이 춘추좌씨전(春秋左氏傳)[1]에 주석을 달았다. 가규는 약관의 나이에 오경(五經)의 본문과 춘추좌씨전을 암송했고 그도 역시 춘추좌씨전에 주석을 달았다. 뒷날 정중이나 가규보다 훨씬 명성이 높았던 마융(馬融)이라는 학자가 있었는데, 그는 주역, 상서, 시경, 논어, 노자 등에 대한 주석을 완성하고 나서 이어 춘추좌씨전의 주석을 준비하던 중, 정중과 가규의 주석본을 읽고 나서 이렇게 말했다.

賈君精而不博, 鄭君博而不精. 旣精旣博, 吾何加焉?
가군정이불박, 정군박이부정. 기정기박, 오하가언?

가규의 주석은 세밀하나 넓지 못하고, 정중의 주석은 넓으나 세밀하지 못하다. 두 가지 주석이 이미 넓고 세밀한데 내가 무엇을 더 하겠는가?

마융은 과연 춘추좌씨전에 대해 주석을 달지 않았다.

---

1 춘추좌씨전은 작자 미상으로, 역사서 춘추(春秋)에 대한 대표적인 주석서이다.

우리나라 대부분의 기업에서는 순환근무의 원칙 아래 2~3년을 주기로 인사이동이 이루어진다. 박이부정한 Generalist를 양성하는 전통이다. 반면에 서양에서는 특별한 일이 없는 한 부서이동이 거의 없으므로 자연스럽게 정이불박한 Specialist가 만들어진다.

한 분야에 오랫동안 종사한 Specialist는 말 그대로 특정 분야의 전문가이다. 기업의 입장에서는 생산성이 뛰어나며 인력양성을 위한 비용이 절감되는 장점이 있는 반면 다른 분야에 대한 이해가 모자라 전사적인 기획이나 업무협조가 어려운 경향이 있다. 반대로 Generalist는 여러 가지 분야를 섭렵하다 보면 깊이가 부족한 경향이 있는데, 그 대신 다른 분야에 대한 이해의 폭이 넓어서 전사적인 기획이나 업무협조에 유리하다.

영업직원은 영업만 잘하고 개발자는 개발만 잘하는 식으로 Specialist만 모여 있는 회사는 성공할 수 없지만 구성원 전원이 Generalist인 조직도 곤란하다. 어떤 개인도 만능일 수는 없지만 개인별로 정통한 전문분야와 함께 관련 분야에 대한 상당한 조예가 있어야 조직의 경쟁력이 살아난다.

Specialist나 Generalist를 막론하고 개인의 적성과 잠재력을 고려한 인재양성 프로그램과 교육훈련에 대한 투자를 통해 비로소 기업이 필요로 하는 인재가 육성된다. 교육훈련에 지출하는 경비는 비용이 아니라 투자이다.

용비어천가 2장에 있는 말이다. "뿌리 깊은 나무는 바람에 흔들리지 아니하니 꽃 좋고 열매가 많다. 샘이 깊은 물은 가뭄에도 마르지 않고 시내가 되어 바다로 간다."

신상필벌
信 賞 必 罰
믿을(확실할) 신 상줄 상 반드시 필 벌할 벌

공을 세우면 상을 주고 잘못이 있으면 반드시 벌을 내린다. 즉 상과 벌을
공정하고 분명하게 처리해야 함을 지적하는 말이다.

[출전] 한비자(韓非子) 내저설 상편(內儲說上篇)

　한비자(韓非子)는 국가경영에 있어서 인재활용의 중요성을 강조했
다. 아무리 유능한 군주라도 신하의 능력을 제대로 끌어내지 못하
면 성공할 수 없으니 상과 벌을 잘 활용해야 한다고 주장했다. 그는
상과 벌을 군주가 신하를 조종하는 2개의 손잡이라고 부르고, 군주
는 상벌의 집행권을 절대로 남에게 넘겨주어서는 안 된다고 한다.
왜냐하면 호랑이는 날카로운 이빨을 가지고 있기 때문에 백수의 왕
으로 군림한다. 호랑이가 그 이빨을 개에게 준다면, 개가 백수의 왕
이 될 것이다.

　　主之所用也七術、 一曰衆端參觀、 二曰必罰明威、 三曰信賞盡能、
　　四曰一聽責下、 五曰疑詔詭使、 六曰挾知而問、 七曰倒言反事.
　　주지소용야칠술, 일왈중단참관, 이왈필벌명위, 삼왈신상진능,
　　사왈일청책하, 오왈의조궤사, 육왈협지이문, 칠왈도언반사.

군주가 신하를 쓰는 데 필요한 일곱 가지의 기술이 있다. 첫째,
여러 사람들의 말을 서로 비교하여 검토하며, 둘째, 죄를 범한 자
에게는 반드시 벌을 내려 군주의 위엄을 상기시키고, 셋째, 공을
세운 자에는 상을 내려 자신의 능력을 다하게 하며, 넷째, 신하들
의 의견을 자세히 듣고 그대로 하는지 확인하고, 다섯째, 의심스
러운 명령을 내리거나 일부러 엉뚱한 일을 시켜보며, 여섯째, 알
면서도 짐짓 모르는 척 물어보고, 일곱째, 마음에 없는 말을 하고
반대로 행동하는 것이다.

순자(荀子)는 "상을 수시 않으면 유능한 인재가 공직에 나아가지 않고, 벌을 주지 않으면 어리석고 무능한 자들이 떠나지 않는다"[1]고 했다.

공로에 대한 정당한 보상은 낭비가 아니라 성과에 대한 보상이자 미래를 위한 투자이며, 잘못에 대한 정당한 징계는 횡포가 아니라 본인과 다른 구성원들이 반복하지 않고 책임을 다하도록 교훈을 주는 것이다. 그런데 신상필벌이 건강한 조직문화로 정착되고 순기능이 극대화되려면 다음을 고려할 필요가 있다.

- **제도의 투명성**: 기준은 사전에 공지하고 사람에 따라 해석이 달라져서는 안 된다. 기준이 불분명하거나 자의적인 해석이 가능하면 구성원들이 제도 자체를 불신한다.
- **적용의 공정성**: 지위 고하를 막론하고 각자의 업무수행에 대한 편견 없는 공정한 평가와 적용이 이루어져야 한다. 과정과 결과가 불공정하면 구성원들의 불만과 서로간의 반목이 발생할 수 있고 조직 전체의 사기가 낮아진다.
- **정책의 일관성**: 기준과 적용방법이 자주 변하면 조직 내 혼란만 가중될 뿐 순기능은 사라지고, 예측 가능성이 훼손된 자리에는 역기능이 독버섯처럼 자란다.

"평범한 군주는 총애하는 자에게 상을 내리고 미워하는 자에게 벌을 주지만, 현명한 군주는 상은 공 있는 자에게 주고 형벌은 죄 있는 자에게 내린다."[2] 사기에 있는 말이다.

---

1 賞不行則, 賢者不可得而進也. 罰不行則, 不肖者不可得而退也. 상불행즉 현자불가득이진야. 벌불행즉 불초자불가득이퇴야.

2 庸主賞所愛而罰所惡, 明主則不然, 賞必加於有功, 而刑必斷於有罪. 용주상소애이벌소오, 명주즉불연, 상필가어유공, 이형필단어유죄.

화이부동
和而不同
화할 화 말 이을 이 아닐 부 한 가지 동

남과 사이좋게 지내되 부화뇌동하지 않는다. 즉 남과 화목하게 지내지만 자기의 근본과 원칙을 잃지 않음을 나타내는 말이다.

[출전] 논어(論語) 자로편(子路篇)

논어는 고대 중국의 사상가 공자(孔子)와 제자들이 주고받은 문답이나 행적 등을 함축성 있게 기록한 유교를 대표하는 경전으로 제자들이 기원전 450년경에 만들었다.

공자는 노(魯)나라 출신으로, 그가 주장한 가장 대표적인 사상은 인(仁)이며, 인의 실천에 바탕을 둔 개인적 인격의 완성과 예로 표현되는 사회질서의 확립을 강조하였다. 그는 군자를 인에 근거하여 사회를 올바른 방향으로 이끌 수 있는 지도자라고 정의하고, 군자는 의리에 밝고, 소인은 자기의 이익에만 밝다고 말하는 등 소인과 대비시켜 군자를 윤리적으로 완성된 인격체라고 보고 아래와 같이 표현했다.

君子和而不同, 小人同而不和.
군자화이부동, 소인동이불화.

군자는 화합하지만 뇌동하지 않고 소인은 뇌동하지만 화합하지 않는다.

근로자가 개인의 여건에 따라서 근무 시간이나 형태를 조절일 수 있도록 한 '유연근무제'는 주 5일 전일제가 아닌 재택근무, 시간제, 요일제 등의 다양한 형태를 선택하여 탄력적으로 근무할 수 있는 제도를 말한다.

유럽 및 미국에서는 유연근무제가 이미 1980년대부터 제도화되기 시작하였는데 그 중에서도 특히 '요일별 Part-Time 근무제도'가 정착된 현장을 보고 놀라움을 금치 못한 적이 있었다. 그 회사는 기업고객별 RM을 운영하고 있었는데 자사의 제품과 서비스뿐만 아니라 고객사에 대한 지식 및 유대관계가 필수적인 직무특수성과 업무전문성이 강조되는 일이었다. 그럼에도 불구하고 2명의 간부직원이 마치 1명의 직원처럼 월요일-수요일 오전과 수요일 오후-금요일로 나누어서 하나의 책상에서 1대의 PC를 공유하며 같은 일을 하고 있었다. 당연하지만 전화기도 1대 밖에 없으니 내부직원이나 외부고객이 통화할 때도 혼란스럽지 않다. 자신의 근무기간 동안 무슨 일이 있었는지, 어떤 일이 어떻게 처리되었는지, 추가로 해야 할 일은 무엇이 남았는지 등에 대한 사항을 깨알 같은 글씨로 써서 다음에 출근하는 직원에게 성실하게 인계했다. 그들은 마치 한 사람인 듯, 한 사람이 아닌, 한 사람 같은 '화이부동'의 신세계를 깨우쳐주었다. 물론 급여나 복리혜택도 정확하게 반반씩 나누어 가진다.

근로자가 일과 가정의 양립을 향유할 수 있게 도와주는 것은 기업의 입장에서도 소위 가성비 높은 유능한 인력을 활용할 수 있다는 점에서 유익한 발상이다. 그들은 다음에 출근하는 근무자에게 일을 미루지 않는 성실함과 이른바 '직무중심의 인사관리'를 통해 노사가 윈-윈하는 유연근무제를 성공적으로 운영하고 있는 것이다.

천시불여지리 지리불여인화
天時不如地利　地利不如人和
하늘천 때시 아닐불 같을여 땅지 이로울리 사람인 화할화

하늘이 내려준 좋은 때라도 유리한 지형적 조건에 미치지 못하고, 유리한
지형적 조건도 사람들의 인화단결에는 미치지 못한다.

[출전] 맹자(孟子) 공손추[1] 하편(公孫丑下篇)

天時不如地利, 地利不如人和. 三里之城七里之郭, 環而攻之而不勝.
夫環而攻之, 必有得天時者矣. 然而不勝者, 是天時不如地利也.
城非不高也. 池非不深也. 兵革非不堅利也. 米粟非不多也.
委而去之, 是地利不如人和也.
천시불여지리, 지리불여인화. 삼리지성칠리지곽, 환이공지이불승.
부환이공지, 필유득천시자의. 연이불승자. 시천시불여지리야.
성비불고야. 지비불심야. 병혁비불견리야. 미속비불다야.
위이거지, 시지리불여인화야.

하늘이 내려준 좋은 때라도 지형적 조건의 유리함에 미치지 못하
고, 지형적 조건이 아무리 유리해도 사람들의 인화단결에는 미치
지 못한다. 내성이 3리, 외성이 7리에 불과한 작은 성을 포위 공
격해도 이기지 못할 수 있다. 대체로 하늘이 내려준 좋은 때를 가
려서 공격해도 이기지 못하는 것은 좋은 때라도 지형적 조건의 유
리함에 미치지 못하기 때문이다. 성이 높지 않거나 해자가 깊지
않아서가 아니다. 병기가 단단하고 날카롭지 못해서가 아니며 군
량이 많지 않아서가 아니다. 그런데 성을 포기하고 가는 것은 지
형적 조건의 유리함이 사람들의 인화단결에 미치지 못하기 때문
이다.

1　중국 전국시대 제(齊)나라 태생으로 만장(萬章)과 함께 맹자(孟子)의 가장 뛰어난 제
　자이다.

맥주 시장의 거의 4분의 1을 점유하는 세계 최대의 맥주회사 ABI의 이야기이다. 1989년에 브라질에 설립된 이 회사의 매출액도 그렇지만 매출총이익률이 30퍼센트를 상회한다니 놀랍기 짝이 없다. 그 비결은 물론 여러 가지가 있겠지만 이 회사의 경영이념을 보면 짐작이 간다. "우리는 직원이 주인인 회사이며, 모든 일을 자신의 일로 받아들인다." 이에 대한 한 간부의 풀이는 다음과 같다.[2]

"우리는 식당의 웨이터가 아니라 주인을 만드는 회사입니다. 당신이 식당 주인이라면 길 건너편에 같은 음식을 파는 새 식당이 생길 때 어떤 생각이 들겠습니까? 누군가가 당신과 가족의 생계를 위협한다고 생각하지 않겠습니까? 식당은 당신 소유니까 당연합니다. 그런데 웨이터라면 건너편에 새로 생긴 식당을 보고 무슨 생각을 할까요? 잘해봐야 무관심이고 대개는 자신이 일할 수 있는 곳이 하나 더 생겼다고 생각할 것입니다. 많은 기업이 부지불식간에 그런 웨이터들을 양산해 냅니다. 하지만 우리는 주인을 만들어내기 위해 끊임없이 노력하고 있습니다."

사람들은 누구나 지금보다 더 나은 삶을 위해서 열심히 노력하며, 노력한 만큼의 보상이 기대될 때 매우 강한 힘을 발휘한다. 그런데 기업이 한 때 겉으로는 좋아보여도 안으로 인화단결하지 못하면 사람들은 스스로 직장을 버리고 떠나기 마련이다. 나는 새를 억지로 앉힐 수는 없는 일이다. 주인의식이 없어서 핵심인재가 떠나고, 이직률이 높은 기업이 망하는 것은 시간문제일 뿐이다. 모든 구성원이 주인의식으로 하나 되도록 하는 것이 리더의 역할이다.

---

2 Chris Zook, James Allen 공저, 안진환 옮김, 창업자 정신(Founder's Mentality), 한국경제신문, 2016.

제 4 부

변화와 혁신

- 1차 산업혁명(18세기): 철도 · 증기기관의 발명 이후의 기계에 의한 생산 혁명
- 2차 산업혁명(19~20세기 초반): 전기와 생산 조립라인 등을 활용한 대량 생산 혁명
- 3차 산업혁명(20세기 후반): 컴퓨터와 인터넷 기반의 정보통신기술 혁명
- 4차 산업혁명(21세기 초~): 인공지능(AI), 로봇공학, 사물 인터넷(IOT), 빅 데이터, 3D 프린팅, 나노기술, 모바일 등 정보통신기술과 산업 전반의 융합을 통해 혁신적인 변화가 나타나는 차세대 지능정보기술 혁명

파천황
破天荒
깨뜨릴 파 하늘 천 거칠 황

천지가 아직 열리지 않은 혼돈 상태를 깨뜨린다는 뜻으로, 이전에 아무도 하지 못한 일을 처음으로 해냄을 비유하는 말이다.

[출전] 북몽쇄언(北夢瑣言)[1] 파천황해(破天荒解)

과거제도는 중국 수(隋)나라 때 시작되어 청(淸)나라 말기까지 약 1,300년간 계속되었다. 당(唐)나라 때의 과거는 주로 시(詩)와 부(賦)[2]의 창작 능력을 평가하는 진사과(進士科)였는데, 국자감과 각 지방의 교육기관에서 성적이 우수하거나 지방 선발시험인 향시(鄕試)에 합격하여 지방관의 추천을 받아야 응시자격이 주어졌다. 이 중향시에 합격한 사람을 '해'(解)라고 했는데, 이는 모든 일에 통달했다는 뜻이었다. 그래서 향시를 해시(解試)라고도 불렀다.

> 唐荊州衣冠藪澤, 每歲解送擧人, 多不成名, 號曰天荒解.
> 劉蛻舍人以荊解及第, 號爲破天荒.
> 당형주의관수택, 매세해송거인, 다불성명, 호왈천황해.
> 유세사인이형해급제, 호위파천황.

당나라 형주에는 선비들이 많이 있어서 해마다 해를 선발하여 과거에 응시하게 했지만 급제를 하지 못하고 모두 낙방했다. 그래서 사람들은 이를 천황[3]해라고 하였다. 그런데 훗날 사인이 된 유세가 형주의 해 중 처음으로 급제하자 파천황이라고 불렀다.

---

1 송(宋)나라의 손광헌(孫光憲)이 지은 책.
2 주로 운문의 형식을 취했으며, 송나라에 이르러 산문화한 중국 문학의 한 문체로 서정과 서사를 자유롭게 표현했다. 절구, 율시 등의 형식을 취한 시(詩)와 구별된다.
3 천지개벽하기 전의 혼돈한 상태라는 뜻.

클래리베이트 애널리틱스(Clarivate Analytics)[4]가 특허출원 수, 특허 등록 성공률, 세계적인 적용 여부, 발명의 영향력 등 네 가지 항목을 기준으로 2016년 세계 100대 혁신기업(2016 Top 100 Global Innovators)을 발표했다. 이 보고서에 따르면, 이들 기업은 2015년에 총 4조 달러 이상의 수익을 창출했으며, 총 2,270억 달러 이상의 연구개발비를 지출했다고 한다. 삼성전자는 132억 달러를 R&D에 썼다.

혁신기업의 국가별 분포를 보면, 3M, 애플, 구글, 마이크로소프트(MS) 등이 포함된 미국과 R&D 강국인 일본이 39%와 34%로 가장 앞서 있는데, 이 두 나라가 전체의 73%를 차지했다. 이어서 프랑스 10%, 독일 4%, 한국과 스위스가 각각 3%, 네덜란드 2%, 그리고 중국, 핀란드, 대만, 스웨덴, 아일랜드가 각각 1%로 이름을 올렸다.

한국 기업으로는 삼성전자, LG전자, LS산전이 선정되었다. 이 조사에 따르면, 특허출원 분야가 전에 비해 다양해진 것으로 나타났다. 미국의 구글은 자율주행자동차, 아마존은 드론에 공격적으로 투자하는데 비해 일본의 캐논과 히타치, 미국의 GE는 의료장비 분야에 많이 투자했다고 한다.

다가오는 4차 산업혁명은 '초연결성'(Hyper-Connected), '초지능화'(Super-Intelligent)의 특성을 가지고 있으며, 사물 인터넷(IoT), 클라우드 등의 정보통신기술을 통해 인간과 인간, 사물과 사물, 인간과 사물이 상호 연결되고 빅데이터와 인공지능 등으로 보다 지능화된 사회로 변화될 것으로 예상된다.

---

4 글로벌 정보기업인 톰슨 로이터의 지적재산 및 과학(Intellectual Property & Science) 사업부가 2016년 10월 사모펀드 오넥스와 베어링 PE 아시아에 매각된 후 새롭게 출범한 기업.

도행역시

倒 行 逆 施

넘어질 도 다닐 행 거스를 역 베풀 시

거꾸로 가고 거꾸로 행하다. 즉 순리 또는 상식에 어긋나게 행동하는 것을
비유하는 말이다.

[출전] 사기(史記) 오자서열전(伍子胥列傳)

중국의 춘추시대 초(楚)나라 평왕(平王) 때 태자의 교육을 담당하
는 관직에 오자서(伍子胥)의 아버지 오사(伍奢)와 비무기(費無忌)가
있었다. 어느 날, 평왕은 진(秦)나라에서 태자비를 맞아 오기 위해
비무기를 진나라에 보냈는데, 진나라 공주가 미인이라는 것을 안
비무기는 진나라의 공주를 평왕이 취하도록 아첨했다. 평왕은 그
말을 따랐고 태자는 대신 다른 여자와 결혼했다.

비무기는 이 일로 평왕의 신임을 얻게 되었으나, 후에 태자가 왕
이 되면 자기 목숨이 위태로워질 것이 걱정되어 태자를 모략하고
오사 일가를 참소하여, 오사와 오자서의 형이 처형당하게 되고, 오
자서는 송(宋)나라와 정(鄭)나라를 거쳐 오(吳)나라로 도망쳤다. 그
후 오나라가 초나라에 쳐들어가자 오자서는 원수를 갚기 위해 평왕
의 무덤을 파헤쳐 시체에 3백 번이나 매질을 했다. 초나라 대부로
오자서의 친구인 신포서(申包胥)가 도리에 어긋나는 행동이라며 비
난하자 오자서가 다음과 같이 말했다. '일모도원'(日暮途遠)이라는
고사성어도 여기에서 유래했다.

> 吾日暮途遠, 吾故倒行而逆施之.
> 오일모도원, 오고도행이역시지.

해는 지고 갈 길은 멀어 도리에 어긋난 일을 할 수밖에 없었다.

조앤 롤링(Joan Rowling)은 해리포터 시리즈가 크게 성공을 거두면서 2008년 하버드대학교 졸업식에서 명예문학박사 학위를 받았는데, 그 자리에서 졸업생들에게 축사를 하면서 다음과 같이 말했다.

"대학 졸업 후 7년간 저는 이루 말할 수 없이 커다란 실패를 맛보았어요. 짧은 결혼생활은 너무 쉽게 끝이 나고, 직업도 없었어요. 노숙자를 제외하고 그때 영국에서 저보다 더 가난한 사람은 아마 없었을 거예요. 저만큼 참담하게 실패한 사람이 또 어디 있었겠어요. 앞이 캄캄했어요. 그리고 그 어둠이 얼마나 더 계속될지 알 수 없는 두려운 나날이 이어졌어요.

실패를 겪지 않고 살아갈 수 있는 사람은 아무도 없어요. 누구든지 단 한 번도 실패하지 않고 살기는 불가능하잖아요. 그런데요, 실패를 하고나면 뜻밖에도 인생에서 그다지 의미 없는 것들을 추려낼 수 있는 눈이 생겨요. 저도 저 자신의 것이 아닌 무언가를 흉내내는 짓을 그만두고, 저에게 가장 의미 있는 일에 모든 에너지를 쏟기로 하였답니다. 더 이상 내려갈 곳이 없다고 생각하니 오히려 자유로워지고 심리적으로도 안정되는 느낌이었어요. 그러자 엄청난 생각이 떠올랐어요. 그리고 제가 겪은 밑바닥이라는 튼튼한 기초 위에 새로운 삶을 시작했어요."[1]

실업자로 어린 애까지 딸린 조앤 롤링이 하루 한끼 식사마저도 어려운 극단적인 상황을 겪어보지 않았더라면, 그리고 처절한 실패의 쓴 맛을 보지 않았더라면, 해리포터와 같은 대작이 나올 수 있었을까? 해는 지고 갈 길이 먼 처지에서 비로소 마음을 비우고 그만한 작품을 쓸 수 있지 않았을까? 눈앞에 닥친 실패라는 엄연한 현실을 마주할 용기만 있으면 누구나 일어설 수 있다.

---

1 신영길, 바닥이라고 생각될 때, 2008.11.18.

해현경장
解 弦 更 張
풀 해   활시위 현   고칠 경   베풀 장

거문고의 낡은 줄을 풀어 다시 맨다. 즉 해이해진 마음을 가다듬거나 사회적 · 정치적 개혁을 단행함을 비유하는 말이다.

[출전] 한서(漢書) 동중서전(董仲舒傳)

국정에 대해 동중서(董仲舒)[1]가 중국 한(漢) 무제(武帝)에게 말했다.

今漢繼秦之後, 如朽木糞牆矣. 雖欲善治之, 亡可柰何. … 竊譬之
琴瑟不調, 甚者必解而更張之, 乃可鼓也. … 當更張而不更張,
雖有良工不能善調也. 當更化而不更化, 雖有大賢不能善治也. 故漢
得天下以來, 常欲善治而至今不可善治者, 失之於當更化而不更化也.
금한계진지후, 여후목분장의. 난욕선치지, 망가나하. … 절비지
금슬부조, 심자필해이경장지, 내가고야. … 당경장이불경장,
수유양공불능선조야. 당경화이불경화, 수불대현불능선치야. 고한
득천하이래, 상욕선치이지금불가선치자, 실지어당경화이불경화야.

진나라를 계승한 한나라는 썩은 나무나 똥으로 덮인 울타리와 같아 아무리 통치를 잘 하려고 해도 할 수가 없습니다. … 거문고의 음이 맞지 않고, 심하면 줄을 풀어 다시 매어야 연주를 할 수 있는 것과 같습니다. … 새 줄을 매야 할 때 안하면 아무리 뛰어난 악사라도 좋은 음을 내지 못하고, 개혁해야 할 때 안하면 아무리 위대한 현인도 좋은 정치를 할 수 없습니다. 한나라가 지금까지 나라를 잘 다스리려 해도 안 된 것은 제 때 개혁하지 않았기 때문입니다.

---

1 유가 사상을 한나라의 국교로 삼는 데 공헌하고, 유교와 음양사상을 통합한 새로운 학문을
   탄생시켰다.

리더가 혁신에 관한 이야기를 써낼 때마다 많은 직원들이 본능적인 거부감을 보이는 것은 피할 수 없는 현실이다. 첫째, 대부분의 경우에는 상황이 매우 조금씩 점진적으로 악화되고 있기 때문에 위기라는 인식을 미처 하지 못하며, 따라서 혁신을 불필요한 것으로 생각한다. 둘째, 위기의식이 없는 것은 아니지만 투입되는 노력과 시간 등의 비용에 비해 실제로 상황이 얼마나 나아질 수 있을지에 대해 회의적이다. 셋째, 실패할 경우에 대한 두려움이 그것이다. 그런데 직원들의 거부감을 이겨내고 그들을 설득하지 못하면 진정한 리더가 아니다. 세상에 공짜는 없다.

상품도, 고객도, 경쟁도 이미 변했으며 지금도 변화가 계속되고 있다. 조직에 위기가 왔다면 파격적인 혁신이 필요한 법이다. 심장 적구나 조변석개하는 정도로는 조직을 구할 수 없다. 아프리카의 초원에서 얼룩말은 사자의 주된 먹잇감인데, 얼룩말과 사자가 달리는 속도는 시속 60km정도로 비슷하다. 그런데 맹수의 왕 사자의 사냥성공률은 11~29%에 불과하다고 한다. 왜냐하면 위기에 처한 얼룩말이 온 힘을 다해 더 빨리 뛰기 때문이다. 심지어 먹이가 없을 때에는 사자와 하이에나도 먹이를 사이에 두고 죽기 살기로 싸운다. 혁신을 꿈꾸는 리더도 사운을 걸고 전력을 다해야 한다. 그래야 성공한다.

피터 드러커(Peter Drucker)는 혁신을 "소비자들이 이제껏 느껴온 가치와 만족에 변화를 일으키는 활동"으로 정의했다.[2] 중요한 차이는 새로운 가치를 창출하지 않는 개선은 혁신이 아니라는 점이다. 예를 들면, 카세트 플레이어에서 디스크 플레이어로 다시 MP3 플레이어가 휴대폰으로 진화하는 것처럼 전혀 다른 새로운 것으로 인식되는 것이 혁신이다.

---

2 피터 드러커 지음, 권영설 · 전미옥 옮김, 위대한 혁신, 출판한국경제신문사, 2006.

복마전
伏 魔 殿
엎드릴 복 마귀 마 전각 전

마귀를 가두어 둔 집이라는 뜻으로 나쁜 일이나 음모가 끊이지 않고 벌어지는 부정부패와 비리의 온상을 비유하는 말이다.

[출전] 수호지(水滸誌)[1]

중국 북송(北宋) 인종(仁宗) 때 전염병이 돌자, 황제는 어느 산의 절에 있는 장진인(張眞人)이라는 도사를 데려와 전염병 퇴치를 위한 기도를 하도록 태위(太尉) 홍신(洪信)에게 명했다. 절에 도착한 홍신은 마침 장진인이 외출중이라 다른 사람의 안내로 경내를 구경했다.

> 上書四個金字, 寫道, 伏魔之殿. 太尉指着門道, 此殿是甚麼去處.
> 眞人答道, 此乃是前代老祖天師鎮鎮魔王之殿. … 太尉又問道,
> 如何上面重重疊疊貼着許多封皮. 眞人答道, 使其子子孫孫,
> 不得妄開, 走了魔君, 非常利害.
> 상서사개금자, 사도, 복마지전. 태위지착문도, 차전시심마거처.
> 진인답도, 차내시전대노조천사쇄진마왕지전. … 태위우문도,
> 여하상면중중첩첩첩착허다봉피. 진인답도, 사기자자손손,
> 부득망개, 주료마군, 비상이해.

금색 글씨로 쓴 복마지전이라는 현판이 걸려 있는 전각을 보았다. 홍신이 문을 가리키며 묻자 진인은 노조천사가 마왕을 가두어 둔 전각이라고 대답했다. … 홍신이 또 왜 위에 저렇게 엄청나게 많은 종이로 겹겹이 봉해 놓았는지 묻자 안내인이 다시 대답했다. "자자손손 아무도 열지 못하도록 한 것입니다. 마왕이 도망치면 큰 문제가 생기기 때문입니다."

---

1 중국 명(明)나라 때의 장편무협 소설로 북송의 양산박에서 108명의 호걸들이 조정의 부패와 관료의 비행에 저항해 봉기한 실화를 배경으로 한 소설이다.

변화와 혁신은 비슷하지만 사실 달리 쓰인다. 일반적으로 변화는 '방법을 달리 하는 것'을 의미하는데 비해 혁신은 '근본적인 변화'를 의미하는 것으로 구분된다. 조직에서도 이미 열린 복마전처럼 많은 부정적 요소로 인해 동력이 훼손되었다면 이제는 변화가 아닌 혁신만이 생존의 길이라고 판단될 때가 있다.

조직의 혁신을 실천하기 위한 길은 무엇일까?

첫째, 조직을 의도적으로 흔들어 불안정한 상태로 만들어 놓는다. 위기의식이 결여된 안정된 상태의 조직은 노력하지 않는다.[2] 사자에게 쫓기지 않는 가젤은 온 힘을 다해 달리지 않고, 배가 고프지 않은 사자도 온 힘을 다해 달릴 필요가 없다. 가젤은 사자보다 더 빨리 달리지 않으면 잡혀죽고, 사자는 가젤을 따라잡지 못하면 굶어죽는다는 사실을 깨달아야 달리는 법이다.

둘째, 전사적 참여와 신상필벌을 천명한다. 제궤의혈(提潰蟻穴)이라는 말이 있듯이 큰 제방도 작은 개미구멍 하나로 무너질 수 있는 법이다. 전 직원의 열성적인 참여를 촉구하고 절체절명의 위기에서 조직을 구하는 아이디어를 내거나 아이디어를 실행에 옮겨 성과로 연결한 구성원에 대해서는 파격적인 보상을 실시한다.

마지막으로 가장 중요한 것은 CEO부터 달라져야 한다. 리더에게 필요한 것은 기존의 관행을 답습하는 관리자의 태도가 아니라 창의적이고 혁신적인 변화를 도모하는 기업가정신이다. 변화는 하의상달로도 가능하지만 혁신은 상의하달에서 비로소 추진력이 생긴다. CEO가 혁신에 대한 강한 의지를 보여야 성공의 가능성이 그만큼 커진다.

---

2 노나카 이쿠지로 외 5인 지음, 박철현 옮김, 일본 제국은 왜 실패하였는가, 주영사, 2009.

심장적구
尋章摘句
찾을 심 글 장 딸 적 글귀 구

문장이나 구절 몇 개를 뽑아 쓴다. 즉 공부를 깊게 하지 않고 문장이나 표현을 몇 개 익히고 나서 공부했다고 으스대는 것을 비유하는 말이다.

[출전] 삼국지연의(三國志演義) 오서(吳書) 오주전(吳主傳) 손권(孫權)

중국 삼국시대, 오(吳)나라 손권(孫權)이 전략적 요충인 촉(蜀)나라의 형주(荊州)를 공격하고 의형제인 관우(關羽)를 붙잡아 처형하자, 유비(劉備)는 서기 221년에 오나라로 진격하면서 형주를 수복하고 관우의 원수를 갚겠노라고 천명했다. 사태가 이렇게 돌아가자 손권은 급히 사신을 위나라에 보내 원병을 요청했다. 위나라 문제(文帝)는 사신 조자(趙咨)가 온 이유를 알면서도 짐짓 그에게 물었다. "그대의 왕도 독서를 하는가?" 조자는 다음과 같이 대답했다.

吳王浮江萬艘, 帶甲百萬, 任賢使能, 志存經略, 少有餘閒,
博覽書傳, 歷觀史籍, 採其大旨, 不效書生尋章摘句而已.
오왕부강만소, 대갑백만, 임현사능, 지존경략, 소유여한,
박람서전, 역관사적, 채기대지, 불효서생심장적구이이.

오왕께서는 만 척의 군선을 강에 띄우고 군사 백만 명을 거느리시며 현명한 인재를 발탁해 소임을 주시며, 항상 나라를 다스리는 데 뜻을 두고 계십니다. 잠시라도 틈이 나면 경전과 역사책을 두루 보며 큰 뜻을 터득하시니 서생들처럼 문장이나 찾고 구절이나 외우지는 않습니다.

조자의 대답에 감탄한 문제는 오나라에 군사를 내 주었으며, 기세등등하게 출정했던 유비는 이릉전투에서 참패해 서기 223년에 병사했다.

'학습의 4단계' 모형은 변화의 과정을 이해하는 데 노움이 된다. 노엘 버치(Noel Burch)가 개발한 것으로, 인간이 새로운 능력을 습득하는 과정에서 사고에 영향을 미치는 두 가지 요소 즉 능력과 의식 여부를 기준으로 학습의 진행단계를 표시하고 새로운 능력을 보유할 때까지 다음과 같이 단계별로 발전한다고 한다.[1] 이와 같은 이해를 바탕으로 리더와 구성원이 함께 인내심을 가지고 노력할 필요가 있다.

(1) **무능력, 무의식의 단계**: 자신에게 능력이 없음을 의식하지 못하거나 필요성을 느끼지 못하는 단계로 'SWOT 분석' 또는 긍정적인 피드백을 활용하여 구성원에게 현재의 상태와 기대하는 변화를 조심스럽게 깨우쳐준다.

(2) **무능력, 의식의 단계**: 자신에게 능력이 없음을 비로소 의식하는 단계로 구성원이 실의에 빠지지 않도록 주의하며 확신을 가지고 동기부여가 유지되도록 한다.

(3) **능력, 의식의 단계**: 자신에게 능력이 있음을 의식하는 단계로 이미 변화가 이루어졌지만 익숙해질 때까지 계속적으로 반복함으로써 습득한 능력이나 사고가 몸에 배도록 한다.

(4) **능력, 무의식의 단계**: 자신에게 능력이 있다는 것조차 의식하지 않는 단계로 자전거나 자동차 운전은 한 번 익숙해지면 특별히 의식하지 않아도 무의식적으로 탈 수 있는 것처럼 조직 내에서 쉽게 능력을 발휘하거나 변화가 이미 이루어진 상태이다. 다음 단계로 나아가기 위해 추가적인 학습을 하거나 다른 구성원에게 전파하는 역할을 할 수도 있다.

변화와 혁신이 필요 없는 조직은 존재하지 않으며, 따라서 효과적인 변화와 혁신의 방법을 시도하는 것은 언제나 정당하다.

---

1 https://en.wikipedia.org/wiki/Four_stages_of_competence

조삼모사
朝 三 暮 四
아침 조 석 삼 저물 모 넉 사

원래는 도토리를 아침에는 세 개 주고 저녁에는 네 개 준다는 뜻인데, 잔꾀로 남을 속이는 것을 비유하는 말이다.

[출전] 열자(列子) 황제편(黃帝篇)

　중국 전국시대 송(宋)나라에 원숭이를 키우는 사람이 있었는데, 그 사람은 원숭이와 대화하는 재주가 있었다. 그런데 차츰 원숭이의 수가 불어나 먹이를 줄여야 할 형편이 되자, 다음과 같이 말했다.

　與若芧, 朝三而暮四, 足乎? 衆狙皆起而怒.
　여약서, 조삼이모사, 족호? 중저개기이노.

　도토리를 아침에는 세 개, 저녁에는 네 개씩 주겠다. 만족하냐?
　원숭이들이 모두 일어나서 화를 냈다.

　그러자 이번에는 다음과 같이 바꿔 말했다.

　與若芧, 朝四而暮三, 足乎? 衆狙皆伏而喜.
　여약서, 조사이모삼, 족호? 중저개복이희.

　도토리를 아침에는 네 개, 저녁에는 세 개씩 주겠다. 만족하냐?
　원숭이들이 모두 엎드려 절하고 기뻐했다.

　열자는 학식이 있는 이들이 지혜를 써 어리석은 대중을 농락하는 것은 송나라 사람이 꾀를 내 원숭이를 속이는 것과 같다고 설명했다.

대개의 글로벌 기업들이 해외에 진출한 자사의 현지법인 또는 지사에 파견하는 경영진을 정할 때 불문율처럼 지키는 원칙이 있다. 온정적이며 민주적인 CEO를 한 번 보냈다면 그 다음에는 추진력이 강하고 강압적인 성격의 권위적인 CEO를 파견한다. 그리고 다음에는 다시 민주적인 CEO를 보내는 식이다.

경영의 우선순위에 있어서도 조삼모사의 방법을 활용한다. 한 해는 고객기반 확대와 매출증대에 전사적인 노력을 기울인다. 기존고객 만족도 제고와 신규고객 확보를 통한 시장점유율 확대 및 매출액 증가를 위한 활동이라면 무엇이든지 가리지 않는다. 접대비 지출한도도 충분히 주어진다. 이러한 목표달성 여부에 따라 물적 보상과 승진이 달라진다.

다음 해에는 언제 그랬냐는 듯이 우선순위가 바뀐다. 이번에는 내부통제를 강화한다. 규정과 매뉴얼을 정비하고 전사적인 교육훈련을 실시하며 준수 여부를 철저하게 감독한다. 비용지출의 우선순위는 검사부와 품질관리부, 심사부나 공장이 된다. 아무리 영업상 중요한 고객이라고 주장해도 기준에 부합하지 않는다면 신용판매는 승인하지 않는다.

또 다음 해가 되면 이번에는 모든 역량을 업무효율화에 투입한다. 공장은 생산성을 높일 수 있는 방안을 찾아야 한다. 심사부는 건당 심사소요시간을 측정하고 처리하는 심사건수를 계산해서 잉여인력을 감축한다. 전사적 구조조정을 실시하기도 한다. 내부공모를 통해 제안이 채택되면 포상한다. TFT를 조직해서 프로세스를 개선하고, 결과에 따라 대책을 강구한다. 객관적이고 설득력 있는 평가가 이루어질 수 있도록 내부직원 대신 외부 컨설턴트를 투입하기도 한다.

발묘조장
拔苗助長
뽑을 발 모 묘 도울 조 길 장

빨리 자라도록 싹을 위로 잡아 뽑다. 즉 빠른 시일 내에 성과를 내기 위해 서두르다가 도리어 일을 그르치는 것을 비유하는 말이다.

[출전] 맹자(孟子)[1] 공손추 상편(公孫丑上篇)

맹자(孟子)가 제자 공손추(公孫丑)에게 호연지기에 대해 설명하던 중 순리(順理)와 의기(義氣)가 얼마나 중요한지 강조하기 위해 송(宋)나라 어느 농부의 조급한 행동을 예로 들었다.

> 宋人, 有閔其苗之不長而揠之者, 芒芒然歸, 謂其人曰, 今日病矣, 予助苗長矣. 其子, 趨而往視之, 苗則槁矣.
> 송인, 유민기묘지부장이알지자, 망망연귀, 위기인왈, 금일병의, 여조묘장의, 기자, 추이왕시지, 묘즉고의.

송나라 사람이 자기가 심은 곡식의 싹이 자라지 않는 것을 걱정하여 그 싹을 뽑아 올려 주었다. 그 사람은 아무 것도 모르고 집으로 돌아와 가족들에게 싹이 자라도록 도와주었더니 피곤하다고 말했다. 그의 아들이 달려 나가 보았더니 싹은 이미 모두 말라죽어 있었다.

---

1 기원전 280년경에 만들어졌으며, 유가에 속하는 사상가 맹자의 언행을 기록한 책. 전체 7편 가운데 양혜왕편(梁惠王篇), 공손추편(公孫丑篇), 등문공편(滕文公篇) 등 3편은 맹자가 천하를 돌며 유세하던 때의 이야기를, 이루편(離婁篇), 만장편(萬章篇), 고자편(告子篇), 진심편(盡心篇) 등 4편은 은퇴 후의 이야기를 각각 기록한 것으로 보인다.

화장실에 가면 남자용 소변기 아래쪽 한가운데에 파리 한 마리를 그려 놓은 것을 가끔 볼 수 있다. 소변을 보는 사람들이 본능적으로 이 파리 그림을 조준하면서 변기 밖으로 튀는 소변이 80%나 줄어 들었다고 한다. 사람들의 행동을 유도할 때 강제하는 것보다 이와 같은 동기유발 방법이 크게 효과적임을 설명하는 사례이다. 이것을 '넛지효과'(Nudge Effect)라고 부른다. 넛지는 원래 옆구리를 슬쩍 찌른다는 뜻으로, 넛지효과는 최소한의 부드러운 개입으로 선택을 유도하는 방법이 더 효과적이라는 가설로, 미국의 행동경제학자인 캐스 선스타인(Cass Sunstein)과 리처드 탈러(Richard Thaler)가 주장했다.[2]

한 가지 실험을 했다. 한 학교의 영양사가 음식의 종류는 바꾸지 않고 단지 음식의 진열이나 배열만 바꾸었더니 특정 음식의 소비가 25% 증가하거나 감소했다. 이 실험결과를 토대로 학교는 학생들이 이로운 음식을 더 많이 선택할 수 있게 유도할 수 있었다. 브라질에서는 택시 뒷좌석 안전벨트 착용을 유도하기 위해 안전벨트를 매는 승객에게 택시 안에서 무료 와이파이를 쓸 수 있게 해 주었더니 착용률이 100%가 되었다고 한다.

구성원들의 변화가 필요한 경우에 시간이 걸리더라도 유연하게 변화를 유도하는 인내와 현명한 접근방법이 도움이 된다. 공자(孔子)도 임지로 떠나기 전 제자 자하(子夏)가 찾아와 정치하는 방법을 묻자 "빨리 하려 하지 말라. 작은 이익을 보지 마라. 빨리 하려고 하면 일을 이루지 못하고, 작은 이익을 보면 큰일을 이룰 수 없다"[3] 라고 했다.

---

2 캐스 선스타인, 리처드 탈러 외 3명 지음, 안진환 옮김, 넛지, 리더스북, 2009.
3 無欲速. 無見小利. 欲速則不達. 見小利則大事不成. 무욕속, 무견소리, 욕속즉불달, 견소이즉 대사불성.

법삼장이
法 三 章 耳
법법 석삼 글장 귀이

세 개의 조항으로 이루어진 것처럼 간단한 법을 비유하는 말이다.

[출전] 사기(史記) 고조본기(高祖本紀)

고대 중국의 한(漢)나라 유방(劉邦)은 진(秦)나라에 쳐 들어가 진나라 황제 영자영(嬴子嬰)의 항복을 받은 후 패상(覇上)으로 돌아가면서 각 고을의 어른과 호걸들을 모아놓고 다음과 같이 발표했다.

父老苦秦苛法久矣. … 與父老約, 法三章耳: 殺人者死, 傷人及盜抵罪. 餘悉除去秦法. 諸吏人皆案堵如故. 凡吾所以來, 爲父老除害, 非有所侵暴, 無恐! 且吾所以還軍霸上, 待諸侯至而定約束耳.
부로고진가법구의. … 여부노약, 법삼장이: 살인자사, 상인급도저죄. 여실제거진법. 제리인개안도여고, 범오소이래, 위부로제해, 비유소침폭, 무공! 차오소이환군패상, 대제후지이정약속이.

여러분들은 지금까지 진나라의 가혹한 법 때문에 고통스럽게 살아왔다. … 나는 각 고을의 어른들에게 약속한다. 법은 세 가지 조항만 시행한다. 살인한 자는 사형에 처하고, 사람을 다치게 하거나 물건을 훔친 자는 그 죄를 묻겠다. 그 밖의 진나라 법은 모두 폐기한다. 모든 관리와 백성들은 지금까지와 마찬가지로 생활하면 된다. 내가 여기에 온 것은 여러분들을 위해 해로운 것들을 없애고자 함이지 폭정을 하려는 것이 아니다. 두려워 마라! 그리고 나는 군사를 돌려 패상으로 가 다른 제후들을 기다려 약속한 것을 결정할 것이다.

운영과 업무에 관한 규정이 많고, 적용이 엄격하며, 위반에 대한 제재가 적극적이라면 조직의 활력이 감퇴할 수 있다. 규정이 늘어나는 만큼 가슴을 뛰게 하는 에너지가 줄어들고 참신한 아이디어는 나오기 어려워진다. 유연성이 없는 조직에서는 열정과 창의성이라는 두 개의 엔진이 작동하지 않는다.

규정이 필요한 분야가 있다면 되도록 간단하고 이해하기 쉽게 만들어 필요한 절차가 신속하게 진행될 수 있도록 지원하는 것이 효율성을 살리고 성과를 내는 길이다. 이른바 'Simple, Smart, Speed의 3S 원칙'이 그것이다.

결점이 없는 친구를 사귀려고 하면 평생 친구를 가질 수 없는 것처럼, 새로운 아이디어는 때때로 우연이나 실수를 통해 발견된다. 그러나 실패를 통해서 배운다고 해서 실패를 기다릴 필요는 없다. 그보다는 브레인스토밍(Brainstorming) 및 무작위 투입(Random Input)과 함께 도발(Provocation)을 활용하면 참신한 아이디어를 찾는 데 도움이 된다.

그 중에서 도발은 선입견을 타파하는 역발상으로부터 시작된다. 역발상은 영화 '벤자민 버튼의 시간은 거꾸로 간다'를 떠올리면 이해하기 쉽다. 주인공은 노인의 모습으로 태어나 아기의 모습으로 죽는다. 말하자면, "불을 끈 후에 요리를 시작한다", "직원이 입사하면 상무에서 시작해서 부장, 과장, 대리, 직원 순으로 진급한다" 등이다. 도발에서는 지금까지 알고 있는 지식과 전혀 다른 가설을 세운 다음 그 이유를 찾아낸다. 즉 우리가 경험하지 않았거나 인식에 반하는 상품이나 서비스 또는 아이디어에 가정해서 창의적인 해결방법을 모색한다. 아인슈타인(Albert Einstein)도 자주 도발기법을 활용해서 가설을 세웠다고 한다.

마부작침
磨 斧 作 針
갈 마 도끼 부 지을 작 바늘 침

도끼를 갈아 바늘을 만든다. 즉 어려운 일이라도 인내하며 꾸준히 노력하면 반드시 이룰 수 있음을 비유하는 말이다.

[출전] 방여승람(方與勝覽)[1]

　중국 당(唐)나라 때 이백(李白)[2]은 10살 때 벌써 시와 글씨에 매우 뛰어난 재능을 보였지만, 공부에는 그다지 취미가 없었다고 한다. 이백은 한 때 도교(道敎)에 심취해서 친구들과 함께 사천성(泗川省)의 여러 산을 순례하기도 했다. 이백의 아버지는 그런 아들이 걱정된 나머지 상의산(象宜山)에 있는 이름난 스승에게 아들을 교육을 부탁했다.

> 昔李白讀書於象宜山中, 未成棄去, 過小溪, 逢老, 媼摩鐵杵.
> 問之, 曰欲作針耳. 李白感其言, 還, 卒業.
> 석이백도서어상의산중, 미성기거, 과소계, 봉노, 온마철작.
> 문지, 왈욕작침이. 이백감기언, 환, 졸업.

예전에 이백이 상의산에서 공부를 하다가 다 마치지 못한 채 포기하고 집으로 돌아오는 길에 시냇가에서 한 노파를 만났다. 노파는 쇠로 만든 공이를 바위에 갈고 있었다. 이백이 무엇을 하고 계시냐고 묻자 할머니는 바늘을 만든다고 대답했다. 이백은 이 말에 감명을 받아 오던 길을 돌아가 공부를 마쳤다.

1　남송(南宋)의 유학자 축목(祝穆)의 저술. 그는 朱熹(주희)의 문하에서 공부했는데, 끝내 벼슬하지 않고 학문에만 전념했다.
2　이백(李白)은 시선(詩仙)이라고까지 추앙받는 당나라 때의 대표적 시인이며, 자는 태백(太白)이다.

2004년 11월 KBS FM 이금희의 가요산책에 가수이자 탤런트이기도 한 연예인 비가 출연해서 진행자와 이야기를 나누던 중 자신의 좌우명을 다음과 같이 소개한 적이 있다. "끝없이 노력하고, 끝없이 인내하고, 끝없이 겸손하자."

그는 설명을 이어 나갔다. 노래와 춤 한 곡을 완벽하게 익히기 위해서는 한 달 반 정도를 끊임없이 연습해야 한다. 무대에 선 3~4분 동안 나 자신의 능력을 150%, 200% 발휘하며 무대를 압도해야 하는데, 그러기 위해서는 이 정도는 연습이 필요하다. 오른손잡이가 왼손으로 식사를 하고 싶다면, 연습을 해야 한다. 하지만 웬만큼 연습을 해서는, 식탁에 앉으면 나도 모르게 오른손이 나와 수저를 집게 된다. 정말 피나는 연습을 해서 몸에 완전히 익숙해져야, 자연스럽게 무의식적으로 왼손이 나와 수저를 잡을 것이다. 노래와 춤도 무대에서 무의식적으로 자연스럽게 나올 정도가 되도록 많은 연습이 필요하다. 무대에 서있는 동안에는 "내가 최고다. 내가 그 누구보다도 잘 한다"고 생각하며 노래를 부르고 춤을 춘다. 그런 생각을 갖고 임해야 무대를 압도할 수 있다. 하지만 무대에서 내려오면 겸손해져야 한다고 생각한다. 다른 가수들을 보며 "나보다 훨씬 멋지게 잘 한다"라며 감탄하곤 한다고 했다.[3]

대나무는 성장과정이 특이한데, 일반적으로 땅위로 죽순이 올라오기까지 수년이 걸린다. 이 기간 동안에는 땅속에 깊게 뿌리를 내리면서 성장을 준비한다. 특히 모죽(毛竹)이라는 대나무는 무려 5년이 지나야 땅위로 싹이 나오는데, 일단 올라오기만 하면 하루에 수십 센티미터씩 자라서 한두 달이면 30미터까지 큰다. 일직선으로 크게 자라지만 비바람에도 쓰러지지 않는 것은 그만큼 뿌리가 깊기 때문이다.

---

3 예병일의 경제노트, 2004. 11. 8.

도지태아
倒 持 泰 阿
넘어질 도 가질 지 클 태 언덕 아

명검인 태아[1]를 거꾸로 잡고 손잡이를 다른 사람이 쥐게 한다. 즉 남에게 권한을 넘겨주고 자기는 도리어 피해를 입는 것을 비유하는 말이다.

[출전] 한서(漢書) 매복전(梅福傳)

중국의 한(漢)나라 때 성제(成帝)가 정사를 맡긴 대장군 왕봉(王鳳)이 전횡을 일삼자, 매복(梅福)[2]이라는 사람이 황제에게 상소를 올렸는 데 그 가운데 다음과 같은 내용이 있다.

孔子曰, 工欲善其事, 必先利其器. 至秦則不然, 張誹謗之罔,
以爲漢敺除, 倒持泰阿, 授楚其柄. 故誠能勿失其柄,
天下雖有不順, 莫敢觸其鋒.
공자왈, 공욕선기사, 필선이기기. 지진즉불연, 장비방지망,
이위한구제, 도지태아, 수초기병. 고성능물실기병,
천하수유불순, 막감촉기봉.

공자는 일을 잘하는 장인은 반드시 먼저 연장을 잘 다듬는다고 말했습니다. 진나라에 이르러서는 그대로 하지 않고 비방의 그물을 펴서 한나라를 위해 어진 선비를 몰아다 주었으며, 태아를 거꾸로 잡아 초나라가 자루를 잡도록 주었습니다. 만약 칼자루만 놓치지 않았더라면, 비록 세상에 따르지 않는 무리가 있더라도 감히 그 칼에 맞서려 하지 못했을 것입니다.

---

1 태아(泰阿)는 중국의 전설적인 보검의 이름이다. 太阿로 쓰기도 한다.
2 남창의 현위를 지내다 왕봉(王鳳)의 조카인 왕망(王莽)이 정사를 전횡하자 가족을 버리고 은둔하였다.

조금이라도 숭요하다 싶은 일은 상사나 선배가 모두 틀어쥐고 부하직원이나 후배에게는 좀처럼 내어주지 않는 경우가 있다. 본인은 항상 바쁘고 야근을 불사하지만 다른 직원들과 일을 나누지도 않고 가르쳐주지도 않는다. 심한 경우에는 직원을 충원해 준다고 해도 사양한다. 관리자의 입장에서는 플랜 B가 고민스럽기도 하다. 후배의 입장에서는 일을 배울 기회가 없으니 직무만족도가 떨어지고 결과적으로 이직을 생각한다. 업무의 전문성이 뛰어나 종사자 수가 적고 협회에서도 제대로 된 교육을 제공하지 않는 경우에는 문제가 더욱 심각하다. 해결방법이 필요하다.

첫째, 업무의 전 과정을 처음부터 끝까지 한 명의 직원이 담당하고 있지 않은지 살펴보고, 단계별로 분리하여 복수의 수평적 또는 수직적 분업이 가능하도록 프로세스를 재설계한다. 구조적 개선을 통해 개인에 대한 의존도를 축소 또는 제거한다.

둘째, OJT라고 부르는 직장 내 교육을 활성화해서 동일 직무 내 또는 부서 내 업무수행방법에 대해 선후배간 체계적인 전수가 이루어지도록 제도화한다. 1:1 도제식 교육으로는 효과를 기대하기 어렵고, 다수의 직원을 대상으로 교육을 실시하는 방법이 바람직하다.

셋째, MBO 즉 목표에 의한 관리기법을 활용하여 부하직원 또는 후배에 대한 교육훈련이나 기술전수에 대한 동기를 부여하고 지속적인 노력을 기울이도록 유도하며, 성과에 따라 적절한 보상이 이루어지도록 한다.

넷째, 직원이나 후배에게 업무수행방법이나 기술을 가르쳐주는 것이 도지태아가 아니라 자신이 상위직무로 나아가기 위한 과정으로 인식하는 조직문화의 정착이 무엇보다도 중요하다.

망양보뢰
亡 羊 補 牢
망할 망 양 양 기울 보 우리 뢰

양을 잃고 난 후에 우리를 고친다. 원래는 양을 잃고 나서 우리를 고치더라도 늦지 않다는 긍정적인 의미였지만, 지금은 반대로 일을 그르친 뒤에는 뉘우쳐도 소용이 없다는 부정적인 의미로 쓰인다.

[출전] 전국책(戰國策)[1] 초책(楚策)

중국 전국시대 초(楚)나라의 양왕(襄王)이 정사를 돌보지 않자 신하 장신(莊辛)이 간했지만 듣지 않았다. 어느 날 진(秦)나라의 침략을 받아 수도를 버리고 패퇴하던 양왕은 그제야 잘못을 깨닫고, 지금이라도 어떻게 하면 좋을지 장신에게 물었다. 장신이 대답했다.

> 臣聞鄙語曰, "見菟而顧犬, 未爲晚也. 亡羊而補牢, 未爲遲也."
> 臣聞昔湯武以百里昌, 桀紂以天下亡, 今楚國雖小, 絶長續短,
> 猶以數千里, 豈特百里哉?
> 신문비어왈, "견토이고견, 미위만야. 망양이보뢰, 미위지야."
> 신문석탕무이백리창, 걸주이천하망. 금초국수소, 절장속단,
> 유이수천리, 기특백리재?

> 신이 이런 속담을 들은 적이 있습니다. "토끼를 발견하고 나서 사냥개를 돌아봐도 늦지 않고, 양을 잃은 후에 우리를 고쳐도 늦지 않다." 옛날에 탕왕과 무왕은 백 리의 땅에서 나라가 번성하게 했지만 걸왕과 주왕은 천하를 가지고도 멸망했습니다. 오늘날 초나라는 비록 작지만, 긴 곳을 잘라 짧은 곳에 붙이면 사방이 수 천 리가 되는데 어찌 백 리의 땅과 비교할 수 있겠습니까?"

---

1 전한의 학자 유향(劉向)의 저술. 춘추(春秋)는 공자가 엮은 노(魯)나라 역사서인 춘추(春秋)에서, 전국(戰國)은 전국책(戰國策)에서 각각 유래되었다고 한다.

기업은 애프터 서비스(A/S)를 통해 실추된 기업 또는 상품의 이미지를 만회하고 고객만족을 강화하기 위해 노력한다. 그런데 A/S는 고객만족의 정도에 따라 기업과 상품이나 서비스에 대한 호감도가 저하되기도 하고 반대로 상승하기도 한다. 이러한 고객서비스는 경쟁의 심화와 더불어 소비자들의 기대수준이 높아짐에 따라 고객만족의 단계를 지나 현재는 고객감동을 추구하는 단계로까지 발전하게 되었다.

2009년 아마존(Amazon)이 12억 달러에 인수한 회사 자포스(Zappos)는 미국의 인터넷 신발 판매업체로 '무료 배송, 무료 반품, 마음에 들 때까지 반품 가능' 등 극단적인 고객 서비스로 유명하다. 발에 맞아야 신을 수 있는 신발의 특성을 고려한 전략이다. 이 회사의 슬로건은 'Powered by Service'인데, 서비스가 기업성장의 원동력이라는 것이다. 한 사례가 있다. 어느 날 한 고객이 어머니께 선물하기 위해 신발을 주문했는 데 그만 어머니가 돌아가시고 말았다. 그래서 반품을 요청하자 이 회사 직원이 직접 조화를 들고 찾아와 위로했다. 이 고객은 인터넷에 글을 올려 "내 인생의 가장 감동적인 순간이었다."고 소감을 말했다. 이 일화가 소개되면서 자포스는 유명세를 타기 시작했으며, 나중에는 '행복을 배달하는 회사'라는 캐치프레이즈를 내걸었다.

상장한 지 20년만에 주가가 640배 이상 뛴 혁신적인 온라인 쇼핑몰의 대명사 아마존이 자포스를 인수한 것은 '콜센터 직원들에게 대응매뉴얼이 없으며, 고객감동을 위해서는 무엇이든지 가능한 회사로 이처럼 고객과의 강한 유대관계, 전설적인 서비스 등을 높이 평가한 때문'이라고 한다.[2]

---

2 이시즈카 시부노 지음, 이건호 옮김, 아마존은 왜 최고가에 자포스를 인수했나?, 북로그컴퍼니, 2009/2010.

계명구도
鷄鳴狗盜
닭 계 울 명 개 구 도둑 도

닭 울음소리나 내고 개처럼 들어가 남의 물건을 훔치거나 하찮은 꾀로 남을 속이는 사람을 비유하는 말이다.

[출전] 사기(史記) 맹상군열전(孟嘗君列傳)

중국 전국시대 진(秦)나라 소왕(昭王)이 맹상군(孟嘗君)을 재상으로 임명했는데, 한 신하가 그는 제나라 왕의 종친이므로 진나라보다 제나라를 우선할 것이라는 말을 듣고 하옥시켰다. 맹상군이 소왕의 애첩에게 도움을 청하자, 그녀는 여우 겨드랑이 털로 만든 호백구(狐白裘)를 요구했지만 소왕에게 진상하고 없어 난처했다.

> 最下坐有能爲狗盜者, 乃夜爲狗, 以入秦宮臧中, 取所獻狐白裘至, 以獻秦王幸姬.
> 최하좌유능위구도자, 내야위구, 이입진궁장중, 취소헌호백구지, 이헌진왕행희.

그런데 맹상군의 하급 식객 한 명이 밤에 개처럼 진나라 궁궐 창고에 들어가 소왕에게 진상한 호백구를 훔쳐 애첩에게 바쳤다.

풀려 난 맹상군은 서둘러 떠나 밤중에 함곡관(函谷關)에 도착했지만, 닭 우는 시간이 되어야 성문이 열리므로 못나가고 기다렸다.

> 孟嘗君恐追至, 客之居下坐者有能爲鷄鳴, 而鷄齊鳴, 遂發傳出.
> 맹상군공추지, 객지거하좌자유능위계명, 이계제명, 수발전출.

맹상군이 군사들이 쫓아올까 걱정하고 있는데, 하급 식객 한 명이 닭 울음소리를 흉내 내자 모든 닭들이 모두 울어 성을 빠져나왔다.

조직 내의 의사결정이 어떻게 이루어지고 전달되는지를 설명하는 용어로 이른바 상의하달식 접근방법과 하의상달식 접근방법이 있다.

상의하달식 접근방법은 CEO 또는 상위직급에 있는 사람이 정책을 결정하는 것이다. 이렇게 결정된 정책은 하부 조직 또는 아래 직급의 구성원들에게 전달되고 실행된다. 예를 들면, 혁신이나 새로운 제도의 도입과 같은 중요한 변화가 필요한 경우에 최고책임자가 정책을 기안하고 일선에서 실무를 담당하는 직원들이 이를 실행하는 방식이다.

하의상달식 접근방법은 하부 조직 또는 아래 직급의 구성원들이 개인적으로 제안하거나 의견 수렴의 과정에 참여함으로써 새로운 정책을 도출하는 방식을 말한다. 상의하달식 접근방법은 조직의 외부적 요인에서 발생한 영향을 내부적으로 수용하기 위한 대책을 마련하는데 효과적이다.

하의상달식 접근방법의 장점은 무엇보다도 창의성과 실무적 전문성이 반영된 의사결정이며, 새로운 변화가 필요한 정책적 결정과정에 실행당사자가 직접 참여함으로써 구성원의 동기부여를 일으키게 되고 책임감을 고양할 수 있다는 점에 있다.

어느 조직이든지 일방통행식 지시만으로 성공할 수는 없다. 상명하복의 권위주의 문화가 팽배하며, 리더가 구성원들의 건의를 수용하는 데 인색한 조직이라면 변화가 필요하다. 하급 식객이 맹상군을 살리듯 직원들의 창의성과 전문성이 기업을 위기에서 구할 수 있다. 조직구조 및 구성원의 특성을 고려하여 사안에 따라 하의상달식 접근방법을 적절하게 활용하는 성숙한 조직문화를 정착시키는 것이 좋다.

제궤의혈
堤 潰 蟻 穴
둑 제 무너질 궤 개미 의 구멍 혈

개미구멍이 제방을 무너뜨린다. 즉 사소한 실수로 큰일을 망쳐버리는 것을 비유하는 말이다.

[출전] 한비자(韓非子) 유노(喩老)

중국 전국시대 위(魏)나라 재상 백규(白圭)는 물 관리에 유능한 것으로 알려져 있다. 그는 미리 둑을 쌓고, 둑에 구멍이 생기면 막도록 했다. 둑은 시간이 가면서 군데군데 구멍이 생기기 마련인데, 개미구멍 하나라도 보이면 모조리 막아버렸다. 덕분에 백규의 재임 시에는 홍수가 나지 않았다고 한다. 이를 높이 평가하며 한비자(韓非子)는 다음과 같이 말했다.

千丈之堤, 以螻蟻之穴潰. 百尺之室, 以突隙之烟焚.
천장지제, 이루의지혈궤. 백척지실, 이돌극지인분.

천 길 제방도 땅강아지나 개미가 판 구멍 때문에 무너지고, 백 척 규모의 집도 굴뚝 틈의 연기 때문에 불이 난다.

그는 편작(扁鵲)과 채(蔡)나라 환후(桓侯)의 이야기를 예로 들어 설명했다. 편작이 환후에게 병을 치료해야 한다고 말했지만 환후는 대수롭지 않게 생각했다. 닷새 뒤에 온 편작이 병이 혈맥에 들었으니 치료하지 않으면 악화될 것이라고 했지만 환후는 듣지 않았다. 다시 닷새 뒤에 온 편작이 병이 위장에 들어 치료하지 않으면 병이 위독해질 것이라고 하였지만 환후는 듣지 않았다. 또 닷새가 지나 온 편작은 이번에는 아무 말도 하지 않고 돌아갔다. 이유를 물으니 너무 늦어 이제는 자신도 어쩔 수 없다고 했다. 환후는 얼마 가지 않아 죽고 말았다.

단 한 명의 직원으로 인해 기업의 평판이 좋아질 수도 나빠질 수도 있다. 가까운 예로 잘되는 음식점에서는 직원이 손님을 바라보고, 안 되는 음식점에서는 직원이 주인을 바라본다. 직원이 손님을 바라보고 있다는 것은 손님의 표정과 태도를 보고 손님이 말하지 않아도 원하는 것을 알고, 소리 내어 요구하기 전에 필요한 서비스를 제공함으로써 고객이 만족하게 하는 것이다.

반면에 직원이 손님을 바라보는 대신 주인의 눈치를 살피기에 바쁘고, 주인이 자리를 비우기라도 하면 자기들끼리 삼삼오오 잡담을 하거나 다른 일을 하면서 손님에게 주의를 기울이지 않으면 손님이 무엇을 필요로 하는지 알 수 없을 것이다. 음식의 맛이 아무리 뛰어나더라도 직원이 불친절한 음식점을 다시 찾을 손님은 그리 많지 않다.

인터넷에서 흔히 볼 수 있는 주인과 머슴의 차이라는 글을 보면 이른바 주인의식이 무엇을 말하는지 잘 알 수 있다.

주인은 미래를 보고, 머슴은 오늘 하루를 본다.
주인은 스스로 움직이고, 머슴은 주인에 의해 움직인다.
주인은 소신 있게 일하고, 머슴은 남의 눈치만 본다.
주인은 알고 행동하고, 머슴은 모르고 행동한다.
주인은 스스로 일하고, 머슴은 남이 봐야 일한다.
주인은 힘든 일을 즐겁게 하고, 머슴은 즐거운 일도 힘들게 한다.
주인은 내일을 위해 오늘의 고통을 참고, 머슴은 내일을 위해 오늘의 고통을 피한다.
주인은 일할 시간을 따지고, 머슴은 쉬는 시간을 따진다.
주인은 되는 방법을 찾고, 머슴은 안 되는 핑계를 찾는다.
주인은 자신이 책임을 지고, 머슴은 주인이 책임을 진다.

천려일실
千 慮 一 失
일천 천 생각할 려 한 일 잃을 실

천 가지 생각 가운데 한 가지 실책이 있다. 즉 아무리 지혜로운 사람도 많은 생각을 하다보면 하나쯤 실수가 있음을 비유하는 말이다.

[출전] 사기(史記) 회음후열전(准陰侯列傳)

중국 한(漢)나라의 장수 한신(韓信)이 조(趙)나라와의 싸움에서 장병들에게 지략과 인품이 뛰어난 상대국의 장수 이좌거(李左車)를 죽이지 말고 체포하도록 명령했다. 한신은 이윽고 포로로 잡혀온 이좌거의 포박을 직접 풀어 주고, 연(燕)나라와 제(齊)나라를 공략하기 위한 전략을 물었다. 이좌거는 처음에는 대답을 피했지만 마침내 말을 꺼냈다.

知者千慮必有一失, 愚者千慮必有一得. 故曰, 狂夫之言, 聖人擇焉.
顧恐臣計未必足用, 願效愚忠.
지자천려필유일실, 우자천려필유일득. 고왈, 광부지언, 성인택언.
고공신계미필족용, 원효우충.

지혜로운 사람이라도 많은 생각을 하다보면 반드시 한 번쯤은 잘못할 때가 있고, 어리석은 사람이라도 많은 생각을 하다보면 반드시 한 번쯤은 잘할 때가 있게 마련입니다. 그러므로 성인은 미친 사람의 말이라도 선택해서 듣습니다. 저의 계략에 만족하지 않으실까봐 두려운 마음이 들지만 어리석은 충정으로 말씀드리겠습니다.

한신이 이좌거의 계책을 듣고 그대로 실행하니 과연 연(燕)나라가 투항했으며, 이좌거는 한신의 참모가 되어 활약했다. '천려일실'(千慮一失)은 위의 '지자천려필유일실'(知者千慮必有一失)의 줄임말이다.

오랫동안 같이 일을 하다보면 뭐든지 잘 해내는 유능한 직원이라도 어느 날 한 번쯤은 어처구니없는 실수를 해서 주위를 당황하게 하기도 하고, 반대로 어쩌면 저럴 수 있을까라는 생각이 드는 무능한 직원이라도 한 번쯤은 신통한 성과를 올려서 생경한 느낌이 들 때가 있다.

인간이기 때문에 누구나 실수를 할 수 있다. 그래서 사고로 이어지기 전에 제도적으로 예방할 필요성이 존재한다. 일련의 프로세스를 한 사람이 전적으로 담당하는 경우 그만큼 사고의 가능성이 높아지기 때문에 단계별로 구분하고 서로 다른 사람이 담당하게 함으로써 견제와 균형이 이루어지도록 한다. 예를 들면, 일부 중소기업에서는 아직도 영업사원이 대금회수를 담당하는 경우가 있다. 날이 갈수록 실수와 사고의 확률이 높아질 수밖에 없는 구조이다. 영업과 대금회수와 회계처리를 분리하면 자연스럽게 상호간 견제와 균형이 살아난다.

현금을 많이 다루는 은행에서는 특히 이와 같은 분업이 정착되어 있는데 세일즈와 오퍼레이션을 엄격하게 분리하는 제도적 장치가 되어 있다.

그럼에도 불구하고 실수나 사고가 발생하는 경우에는 근본원인을 파악하고 유사한 동일한 사건이 재발하지 않도록 대비책을 세워 전화위복의 계기가 되도록 할 필요가 있다. 내자가추(來者可追)[1]라는 고사성어가 있다. 중국 진(晉)나라의 시인 도연명(陶淵明)의 귀거래사(歸去來辭)에서 유래한 말인데, 지나간 일은 어찌할 도리가 없지만 장차 다가올 일은 조심하여 잘 할 수 있다는 의미이다.

---

1 悟已往之不諫, 知來者之可追. 오이왕지불간, 지래자지가추.

대복편편
大腹便便
큰 대 배 복 편할 편 편할 편

배가 나오고 뚱뚱한 모습을 비유하는 말이다.

[출전] 후한서(後漢書) 변소전(邊韶傳)

변소(邊韶)[1]는 유가의 많은 경전을 공부하였으며, 그 명성을 듣고 각지에서 제자들이 몰려들었다. 그의 교육은 매우 엄격해서 제자들이 잠깐이라도 졸면 논어에 나오는 이야기를 인용해서 "썩은 나무에는 새길 수 없고, 더러운 흙담은 흙손으로 고를 수 없다. 너처럼 잠만 자는 사람이 무슨 쓸모가 있겠느냐?"며 꾸짖곤 했다.

그런 변소가 어느 날 책을 보다가 자기도 모르게 졸았다. 그러자 제자들이 노래를 지어 부르며 놀렸다.

邊孝先, 腹便便, 懶讀書, 但欲眠.
변효선, 복편편, 나독서, 단욕면.

변효선은 배가 뚱뚱한데, 책읽기는 게을리 하고 잠만 잔다네.

잠에서 깨어난 변소는 대꾸는 했지만, 그 후로는 낮잠을 자지 않았다고 한다.

---

1 자는 효선(孝先). 동한(東漢) 시대의 유학자. 특히 문장력이 매우 훌륭하여 이름이 널리 알려졌다.

'휘슬블로어'(Whistle-Blower)는 소식 내의 불법식인 행위에 판안 정보를 신고하는 내부고발자 또는 공익신고자를 말한다. 이는 스포츠 경기에서 심판이 불법행위나 반칙을 적발해 호루라기를 부는 것을 비유해서 붙여진 이름이다.

1972년, 미국 대통령 닉슨의 몰락을 가져온 '워터게이트 사건'이 발생한 후부터는 '딥스로트'(Deep Throat)라고도 불렸는데, 이는 사건의 결정적 단서가 목구멍 깊숙한 곳에서 나왔다는 뜻에서 사건의 전말을 언론에 제공한 익명의 제보자를 이렇게 불렀다. 그러나 33년 만인 2005년 5월, '딥스로트'는 당시 FBI의 제2인자였던 윌리엄 펠트(William Felt)임이 밝혀졌다.

휘슬블로어는 누구나 될 수 있다. 그러나 말처럼 쉽지는 않다. 신고를 통해 당장 받게 될 불이익이 공공의 이익이나 개인의 이상적인 가치보다 더 커 보이는 경우가 많기 때문이다. 이것이 바로 당사자를 보호하는 법이 필요한 이유이다. 미국과 영국 등에는 '내부고발자보호법'이 있지만, 2002년에 발생한 엔론(Enron)과 월드컴(Worldcom) 등 기업의 대형 회계 비리 사건이 계기가 되어 '사베인옥슬리법'이 추가로 제정되었다. 회계 부정을 비롯해 투자자에게 피해를 입힐 수 있는 회사의 문제점을 상사나 정부에 제보하는 내부고발자를 보호하는 법이다.

우리나라도 2011년 '공익신고자보호법'을 제정하였다. 공익을 침해하는 행위를 신고한 사람 등을 보호하고 지원함으로써 국민생활의 안정과 투명하고 깨끗한 사회풍토의 확립에 이바지함을 목적으로 한다. 기업에서도 내부고발을 장려하는 제도를 도입·운영하는 것이 사고를 미연에 방지하고 건강한 기업문화를 육성하는 길이다.

정인매리
鄭人買履
정나라 정 사람 인 살 매 신 리

정나라 사람이 신발을 산다는 뜻인데, 비현실적인 원리원칙에만 얽매여 융통성이 없는 우직함을 비유하는 말이다.

[출전] 한비자(韓非子) 외저설(外儲說) 좌상편(左上篇)

중국의 춘추전국시대 정(鄭)나라의 어떤 사람이 신발을 사려고 했다.

先自度其足而置之其坐、至之市而忘操之. 已得履、吾忘持度.
反歸取之. 及反、市罷、遂不得履. 人曰、何不試之以足?
曰、寧信度、無自信也.
선자탁기족이치지기좌. 지지시이망조지, 이득리, 오망지탁.
반귀취지. 급반, 시파, 수불득이. 인왈, 하불시지이족?
왈, 영신탁, 무자신야.

그는 먼저 자기 발의 크기를 재고, 종이에 적어 앉은 자리에 놓았는데, 시장에 도착해서야 그 종이를 가져오지 않았다는 것을 깨달았다. 신발을 손에 들고 있으면서도 집에 가서 깜박 잊은 그 종이를 들고 다시 시장에 왔다. 그런데 이미 장이 파해 신발을 살 수 없었다. 어떤 사람이 왜 당신의 발로 직접 신어보지 않았는지 묻자 그는 치수 잰 것은 믿어도 제 발은 믿지 못하기 때문이라고 말했다.

여씨춘추(呂氏春秋)에도 '각주구검'(刻舟求劍)에 관한 이야기가 나온다. 초나라의 한 남자가 배를 타고 양자강을 건너다 칼을 빠뜨렸다. 그는 다른 칼로 배의 난간에 표시하고 빠뜨린 자리라고 말하더니 나루에 도착하자 물속에 뛰어들어 그 칼을 찾았다는 것이다.

주위에서 어린 아이에게 '너는 바보야'라고 같은 말을 반복하게 되면 이 아이는 갈수록 의기소침해 지면서 진짜로 바보가 되는 수가 있다. 직장에도 "자네는 생각하는 것도 고지식하고 일하는 것도 꼭 그렇게밖에 못하나?"는 핀잔을 자주 듣는 직원이 있다. 그런데 이런 직원들은 대개의 경우 시간이 갈수록 개선되기는커녕 업무성과가 오히려 더 나빠진다. 답답할 노릇이다.

'스티그마 효과'(Stigma Effect)는 부정적인 낙인이 찍힌 사람이 실제로 그렇게 행동하게 되어 부정적 인식을 더욱 강화하는 현상을 말하는 것으로 낙인효과라고도 한다. 1960년대 미국의 사회학자 하워드 베커(Howard Becker)의 '낙인이론'에 근거한다. 이 이론에 따르면 사회를 유지하기 위한 관습 등의 장치가 오히려 범죄를 유발할 수 있다는 것이다. 어떤 사람의 행동이 규범에서 벗어나면 구성원들은 그를 일탈자라고 낙인찍고, 그 사람은 결국 범죄자가 되어버리는 수가 있다. 부정적 언행이 부정적 행동을 만든다.

이와는 반대로 긍정적인 기대나 관심이 사람에게 좋은 영향을 미치는 효과를 설명하는 심리학 용어로 '피그말리온 효과'(Pygmalion Effect)가 있다. 그리스 신화에서 조각가 피그말리온이 어느 날 여인상을 조각했는데, 그 여인상이 너무나 아름다워 진심으로 사랑하게 되고 마침내 여인상이 실제 사람이 되기를 간절하게 바랐다. 그러자 미의 여신 아프로디테가 그의 사랑에 감동하여 조각상에 생명을 불어 넣어주었다. 피그말리온이 간절히 바라던 소망이 실현된 것이다. 피그말리온 효과는 이와 같이 타인의 기대나 관심으로 인해 능률이 오르거나 결과가 좋아지는 현상을 말한다. 즉 타인이 나를 존중하고, 나에게 기대를 걸면 그 기대에 부응하기 위해 노력한다는 의미이다. 칭찬은 고래도 춤추게 한다.

완물상지
玩物喪志
희롱할 완 물건 물 잃을 상 뜻 지

쓸데없는 물건에 정신이 팔려 본래의 의지를 잃게 된다. 사람을 놀리면 덕을 잃고, 물건을 노리개로 삼으면 큰 뜻을 잃는다는 '완인상덕 완물상지'(玩人喪德 玩物喪志)에서 유래한 말이다.

[출전] 서경(書經) 여오편(旅獒篇)

고대 중국 주(周)나라 무왕(武王)이 패권을 잡자 주변 여러 나라들이 공물을 바쳤는데, 서쪽의 여(旅)에서는 오(獒)라는 큰 개를 보냈다. 무왕은 이 개를 항상 곁에 두고 귀여워했다. 이에 동생이 걱정하며 제후들에게 공물을 나누어 주고 정치에 전념하도록 간했다.

> 德盛不狎侮, 狎侮君子, 罔以盡人心, 狎侮小人, 罔以盡其力.
> 不役耳目, 百度惟貞, 玩人喪德, 玩物喪志. 志以道寧, 言以道接. ⋯
> 不矜細行, 終累大德, 爲山九仞, 功虧一簣.
> 덕성불압모, 압모군자, 망이진인심, 압모소인, 망이진기력.
> 불역이목, 백도유정, 완인상덕, 완물상지. 지이도녕, 언이도접. ⋯
> 불긍세행, 종루대덕, 위산구인, 공휴일궤.

덕이 있는 사람은 누구도 경멸하지 않습니다. 군자는 마음을 다하지 않으며, 소인은 힘을 다하지 않기 때문입니다. 귀와 눈에 현혹되지 말고 모든 일을 바르게 하십시오. 사람을 놀리면 덕을 잃고, 물건을 노리개로 삼으면 뜻을 잃습니다. 뜻은 도를 지켜야 편안해지고, 말은 도를 지켜야 행동으로 이어집니다. ⋯ 사소한 행동이라도 신중하지 않으면 결국은 큰 덕에 누를 끼치게 됩니다. 아홉 길 높은 산을 쌓는데 한 삼태기의 흙이 모자라 헛수고가 되어서는 안 됩니다.

2016년 9월 28일부터 시행된 '부정청탁 및 금품 등 수수의 금지에 관한 법률'은 공직자 등의 비리를 규제하는 강화된 반부패법으로 직무 대가성과 관계없이 공직자 등의 금품수수를 금지하고 있다. 이 법의 공식적인 약칭은 '청탁금지법'이지만, 흔히 첫 제안자인 전 국민권익위원회 위원장의 이름을 따서 '김영란법'이라고 부른다.

청탁금지법의 적용을 받는 '공직자 또는 공적 업무 종사자'는 국가 지방공무원, 공직유관단체·공공기관의 장과 그 임직원, 각 급 학교의 장과 교직원 및 학교법인의 임직원, 언론사의 대표자와 그 임직원 등이다. 또 이들과 경제적 이익을 같이하는 배우자도 법의 적용 대상이 된다. 각종 위원회에 참여하는 민간위원이나 공공기관의 업무를 위임·위탁받은 자 등 공공기관의 의사결정 등에 참여하는 민간인(공무수행사인)도 대상이다. 공직자 등에게 부정청탁을 하거나 수수가 금지된 금품 등을 제공한 자도 이 법의 대상이 된다.

적용되는 기관으로 국회, 법원, 헌법재판소, 선거관리위원회, 감사원, 국가인권위원회, 중앙행정기관 및 그 소속기관, 지방자치단체, 시·도 교육청, 공직유관단체(공직자윤리법 제3조의 2)가 해당되며 공공기관운영법 제4조에 따른 기관도 포함된다.

공직자 등에게 부정청탁을 하거나 수수 금지된 금품 등을 제공한 자도 이 법의 대상이 된다.

글로벌 기업들도 자체적으로 '선물 및 접대에 관한 규정' 또는 '이해상충방지규정' 및 '윤리준칙' 등을 도입하여 엄격하게 관리하고 있는데, 스탠다드차타드은행(Standard Chartered Bank)이 전세계적으로 임직원의 입사 시와 연 1회 재교육을 통해 이에 대한 인식을 고양하고 있는 것을 하나의 사례로 들 수 있다.

공생명
公 生 明
공평할 공 날 생 밝을 명

공평한 마음을 가져야 비로소 밝은 지혜가 생긴다. '공생명 염생위'(公生明 廉生威)로도 많이 쓴다.

[출전] 곽윤례(郭允禮)의 관잠(官箴)

　중국 명(明)나라의 관리들을 위한 금언집에 다음과 같은 구절이 있다.

> 吏不畏吾嚴而畏吾廉, 民不服吾能而服吾公. 廉則吏不敢慢,
> 公則民不敢欺. 公生明, 廉生威.
> 이불외오엄이외오렴, 민불복오능이복오공. 염즉이불감만,
> 공즉민불감기. 공생명, 염생위.

> 관리들은 나의 권위가 아니라 나의 청렴함을 두려워한다. 백성들은 나의 능력이 아니라 나의 공평함을 믿고 복종한다. 내가 청렴하면 관리들이 감히 나태할 수 없으며, 내가 공평하면 백성들이 감히 속이지 못한다. 공평하면 사리에 밝아지고 청렴하면 권위가 생긴다.

　여씨춘추(呂氏春秋)[1]의 경책에는 다음과 같은 말이 나온다.

> 不去小利則大利不得.
> 불거소리즉대리부득.

> 작은 이익을 버리지 않으면 큰 이득을 볼 수 없다.

1　춘추전국시대의 모든 사상을 분석하여 기술한 정치참고서. 여람(呂覽)이라고도 한다. 진(秦) 나라의 재상 여불위(呂不韋)가 식객 3,000명을 모아서 편찬했는데, 여불위가 이 책의 내용을 한 자라도 고칠 수 있으면 천금을 주겠다고 할 정도로 내용이 완벽했다고 한다.

경비관리는 조직에서 구성원이 지출하는 경비의 처리, 지급 및 검사에 관한 전반적인 체계를 의미하는데, 통제성 경비는 주로 공무상 출장 여비 및 통신비와 접대비를 말한다.

출장 여비는 기본적으로 영수증을 첨부하는 실비환급방식을 채택하되 기간이 1개월 이상 등으로 장기라면 효율성을 감안해서 일당지급방식을 혼용하는 것이 효과적이다. 실비환급방식을 채택하면 구성원들이 비용을 절감하기 위해 개인의 안전과 위생을 희생하지 않으며, 영업이나 교육훈련 등 출장의 성격에 알맞은 숙박시설과 식사를 선택하게 됨으로써 출장의 목적을 달성하고 성과를 높이는데 효과적이다. 단, 시내출장 시 타는 택시요금 등은 간단하게 사유를 명시하고 영수증을 첨부하여 경리부에 약식으로 신청하면 상위 관리자의 결제 없이도 당일 또는 익일에 즉시 환급하는 소액현금(Petty Cash) 지급제도를 검토해 볼만하다. 물론 지급의 적정성은 사후검사를 통해 확보할 수 있다.

과거에 비해 조직의 명의로 지출하는 전화기의 구입비용과 전화 및 팩스요금은 감소하는 대신 개인 명의의 휴대폰을 구입하고 매월 발생하는 통신비를 보조하는 비용이 증가하는 추세이다. 특히 글로벌 비즈니스의 비중이 커진 점도 한 몫을 하고 있지만, 업무와 관련 없는 개인적인 목적으로 부당하게 지출되는 수도 있다. 일부 글로벌 기업들은 통신비 청구서에 본인이 직접 사적인 용도와 공적인 용도를 구분 표시하도록 하여 공적인 부분에 대해서만 환급하는 경우도 있다.

경비관리는 조직의 원활한 활동을 충분히 지원하면서, 공정하고 투명한 조직문화를 지켜 나갈 수 있도록 이루어져야 한다.

천지신지아지자지
天知神知我知子知
하늘 천 알지 귀신 신 알지 나 아 알지 아들 자 알지

하늘이 알고 신이 알고 내가 알고 당신이 안다.[1] 즉 세상에는 비밀이 없으므로 모든 일에 부끄러움이 없도록 해야 한다.

[출전] 후한서(後漢書) 양진전(楊震傳)

고대 중국 후한(後漢) 개국 후 100여 년이 지나 환관과 외척이 권력을 잡고 국정을 농단할 즈음에, 학문이 높고 청렴한 양진(楊震)은 50세의 늦은 나이에 벼슬을 시작해서 안제(安帝) 때에는 재상의 지위에 올랐다. 어느 날 양진이 동래태수(東萊太守)로 부임하는 길에 창읍(昌邑)이라는 고을에서 하룻밤을 묵어 갈 때의 일이다.

> 故所擧荊州茂才王密爲昌邑令, 謁見. 至夜懷金十斤以遺震. 震曰,
> 故人知君, 君不知故人, 何也. 密曰, 暮夜無知者. 震曰, 天知,
> 神知, 我知, 子知. 何謂無知. 密愧而出.
> 고소거형주무재왕밀위창읍령, 알현. 지야회금십근이유진. 진왈,
> 고인지군, 군불지고인, 하야. 밀왈, 모야무지자. 진왈, 천지,
> 신지, 아지, 자지. 하위무지. 밀괴이출.

그가 전에 형주무재로 천거한 바 있던 창읍의 현령 왕밀이 찾아와 만났다. 왕밀은 황금 10근을 가져와 양진에게 내 놓았다. 양진이 나는 자네를 잘 알고 있는데 자네는 나를 잘 모르니 어쩐 일이냐고 하자 왕밀은 밤중이라 아는 사람이 없다고 대답했다. 이에 왕밀은 다시 하늘이 알고 신이 알고 내가 알고 자네가 알고 있는데 어찌 모른다고 하느냐고 말했다. 왕밀은 부끄러워하며 밖으로 나갔다.

---

1 양진(楊震)의 사지(四知)라고도 한다.

심리학자 레온 페스팅거(Leon Festinger)는 '인지부소화이론'을 내놓고 "인간은 자신의 마음속에서 양립 불가능한 생각들이 심리적 대립을 일으킬 때, 적절한 조건 하에서 자신의 믿음에 맞추어 행동을 바꾸기보다는 심리적으로 불편하기 때문에 이런 불일치를 줄이고자 하거나, 불일치를 증가시키는 행동을 피한다"고 주장했다.[2]

즉 사람이 인지부조화를 경험하면 이를 해소하기 위해 자신의 태도나 행동을 변화시킴으로써 심리적 불안감을 해결하고 자신에 대한 일관성을 유지하려고 한다는 것이다. 이솝우화에 나오는 여우가 높은 곳에 있는 포도에 닿지 않자 아직 덜 익었거나 시어서 먹지 못할 것이라고 단정하는 것이다. 흡연이 건강에 미치는 해로움을 잘 알고 있으면서도 "금연 때문에 스트레스를 받으니 차라리 흡연으로 스트레스를 해소하면 건강에 도움이 된다"며 합리화하는 것도 인지부조화 이론으로 설명한다.

금주에 대해서도 마찬가지이다. 레온 페스팅거에 따르면 금주를 결심한 사람이 어느 날 맥주를 한 잔 마시고 나면 인지부조화를 줄이기 위해서 다음과 같이 행동한다고 한다.

첫째, 이제 정말로 술을 끊겠다고 굳게 다짐한다.
둘째, 맥주는 술이 아니라며 기본적인 사실관계를 부정한다.
셋째, 적당량의 술은 혈액순환에 좋다는 식으로 자신이 결심하게 된 동기를 부정하는 새로운 논리를 개발한다.
넷째, "상사가 권해서 어쩔 수 없었어" 또는 "이 정도는 술 먹었다고 할 수 없어"라며, 이런 때에는 예외적으로 조금씩은 마셔도 된다는 식으로 자신의 행동을 정당화한다.

---

2 레온 페스팅거 지음, 김창대 옮김, 인지부조화이론, 나남, 2016.

우공이산
愚公移山
어리석을 우 공평할 공 옮길 이 뫼 산

어리석은 노인이 산을 옮긴다는 뜻으로, 무슨 일이든지 꾸준히 노력하면
반드시 이룰 수 있음을 비유하는 말이다.

[출전] 열자(列子) 탕문편(湯問篇)

중국 기주(冀州)의 남쪽에 나이 90세가 다 된 우공(愚公)이라는 노
인이 살았는데, 이 지역은 두 개의 큰 산 사이에 있어서 교통이 불
편하기 짝이 없었다. 우공이 어느 날 가족을 모아 놓고 우리가 힘을
모아 산을 깎아 길을 내면 예주(豫州)의 남쪽과 한수(漢水)의 뒤쪽으
로 갈 수 있는데, 다 같이 해 보기를 권했다. 아내는 반대했지만 그
는 아들들과 함께 돌을 깨고 흙을 파서 삼태기로 나르기 시작했다.
다른 사람들이 비웃으며 말리자, 우공은 다음과 같이 말했다.

> 汝心之固, 固不可徹, 雖我之死, 有子存焉. 子又生孫, 孫又生子.
> 子又有子, 子又有孫. 子子孫孫, 無窮匱也, 而山不加增, 何苦而不平.
> 여심지고, 고불가철, 수아지사, 유자존언. 자우생손, 손우유자,
> 자우유자, 자우유손, 자자손손, 무궁궤야, 이산불가증, 하고이불평.

> 자네 생각이 너무 고지식해서 어떻게 해볼 도리가 없네. 내가 죽
> 더라도 살아 있는 아들이 있고, 또 손자를 낳고, 손자가 또 자식
> 을 낳고, 자식이 또 자식을 낳고, 자식이 또 손자를 낳으면 자자
> 손손 끊임없이 이어지지만 산은 더 커지지 않을 터이니 어찌 평평
> 하게 되지 않을 것을 염려하는가.

산신이 이 소식을 듣자 걱정이 돼서 상제에게 보고했다. 상제는 우공
의 정성에 감동하여 두 개의 산을 각각 다른 곳으로 옮겨 주었다. 이때
부터 기주의 남쪽에서 한수의 남쪽 끝까지는 언덕이 모두 없어졌다.

변화는 필요와 영감으로 시작해서 참여와 인내로 완성된다. 다음은 혁신의 아이콘이자 IT로 세상을 바꾸어 놓은 애플(Apple)의 전 CEO 스티브 잡스(Steve Jobs)가 2005년 미국의 스탠포드대학교 졸업식에서 연설한 내용의 일부이다.

제가 열일곱 살 무렵에 이런 글을 읽은 적이 있었습니다. "만약 당신이 하루하루를 마지막 날인 것처럼 산다면, 언젠가는 옳은 길을 가고 있는 자신을 발견하게 될 것이다." 저는 이 말이 너무 좋아서 그 후 33년 동안 매일 아침 거울을 볼 때마다 저 자신에게 물었습니다. "만약 오늘이 내가 죽는 날이라면 지금 하려는 일이 진정 내가 원하는 것일까?" 그런데 그 대답이 '아니다'인 날이 너무 자주 반복되자, 나는 뭔가 변화해야 한다는 걸 깨달았습니다.

또 제가 젊은 시절에 읽은 'The Whole Earth Catalog'라는 놀라운 잡지가 있었습니다. 스튜어트 브랜드(Stewart Brand)가 편집한 것입니다. 그 책은 대단히 이상주의적이며, 아기자기한 표현의 도구와 영감을 불러일으키는 개념들이 가득한 것이었습니다. 그 책 뒤표지에는 새벽의 시골길을 찍은 사진이 있었고, 사진 아래에는 이렇게 쓰여 있었습니다. "Stay Hungry. Stay Foolish." 현실에 안주하지 말고 우직하게 나아가라.

그 말은 스튜어트 브랜드가 독자들에게 보내는 마지막 메시지였습니다. 현실에 안주하지 말고 우직하게 나아가라. 그리고 저 역시 언제나 그렇게 되기를 원했습니다. 이제 새로운 출발을 위해 오늘 졸업하는 여러분들도 저처럼 그렇게 되기를 기대합니다. 시간은 무한정한 것이 아닙니다. 그러므로 남의 인생을 살기 위해 자신의 인생을 낭비하지 마십시오.

제 5 부

지혜의 리더십

맹자는 오상(五常) 중에서 지(智)를 '옳고 그름을 가리는 마음(是非之心)'으로 규정했으니, 과거를 미루어 미래를 예측하고, 하나를 보고 여럿을 판단하며, 혼란한 가운데도 길을 찾을 수 있다면 가히 지혜롭다 할 것이다. 즉 지혜는 사물의 이치나 상황을 제대로 깨닫고 그것에 현명하게 대처할 방도를 생각해 내는 직관적인 정신적 능력을 말한다. 또 지식은 교육이나 경험, 연구를 통해 알게 된 모든 것으로 사물이나 상황에 대한 정보를 포함한다. 그런데 사람을 끄는 빛나는 지혜는 인간을 이해하는 마음과 명확한 지식의 소산이다.

오미구상

五味口爽

다섯 오 맛 미 입 구 시원할 상

맛있는 음식을 먹어 그 맛을 아는 입은 시원하여 맛을 명백하게 구분할 줄 알게 된다. 즉 몸이 맛있는 음식에 길들여지면 건강에 좋은 음식이 아니라 맛만 찾게 됨을 비유하는 말이다.

[출전] 도덕경(道德經) 목복편(目腹篇)

도덕경(道德經)은 노자(老子)[1]가 지은 것으로 알려진 책인데, 기원전 4세기부터 한(漢)나라 초기에 이르는 도가(道家)사상의 경전으로 그 가운데 다음과 같은 문장이 있다.

五色令人目盲, 五音令人耳聾. 馳騁田獵令人心發狂,
五味令人口爽, 難得之貨令人行妨.
오색영인목맹, 오음영인이롱, 치빙전엽영인심발광,
오미영인구상, 난득지화영인행방.

갖가지 화려한 색깔이 인간의 눈을 멀게 하고, 갖가지 좋은 소리가 인간의 귀를 먹게 한다. 여기저기 다니는 사냥이 인간의 마음을 미치게 하고, 갖가지 맛있는 음식이 인간의 입을 상하게 한다. 얻기 힘든 물건이 인간의 행동을 통제하기 어렵게 만든다.

옷이나 가무, 음식, 물건 등은 사람들의 생활에 꼭 필요한 것이다. 따라서 인간의 몸과 마음을 즐겁게 할 수 있지만, 정도가 지나치면 인간의 순수한 본성을 망가뜨리고 삶을 황폐하게 만든다는 교훈이다.

---

1 중국 춘추시대의 사상가이자 도가(道家)의 창시자로 인의와 도덕에 구애되지 않고 만물의 근원인 도를 좇아서 살 것을 역설했다.

성격유형 검사방법 가운데 'MBTI®'(Myers-Briggs Type Indicator)는 칼 융(Carl Jung)의 '심리유형론'을 바탕으로 일상생활에 유용하게 활용할 수 있도록 개발된 성격유형지표이다.[2]

MBTI® 검사지는 총 94문항으로 구성되어 있으며 피검자는 선호지표에 따라 16가지의 성격유형 중 하나로 분류된다. 이 검사의 결과는 개인의 생활양식과 태도를 파악하는 데 도움을 주며 나아가 진로나 직업을 선택하는 데도 참고할 수 있다.

MBTI®는 다음과 같은 네 가지 지표로 성격을 표시하며, 각각의 지표는 두 가지 대조적인 성격으로 이루어져 있다.

지 표		설 명
외향형(E)	내향형(I)	에너지 방향
감각형(S)	직관형(N)	인식기능
사고형(T)	감정형(F)	판단기능
판단형(J)	인식형(P)	이행양식

성격유형은 각 경우를 나타내는 영어 알파벳 한 글자씩을 따서 네 글자로 표시한다. 다음 표는 MBTI®의 16가지 성격유형을 나타낸다.

구 분	감각/사고	감각/직관	직관/감정	직관/사고
내향/판단	ISTJ	ISFJ	INFJ	INTJ
내향/즉흥	ISTP	ISFP	INFP	INTP
외향/즉흥	ESTP	ESFP	ENFP	ENTP
외향/판단	ESTJ	ESFJ	ENFJ	ENTJ

---

2 (주)한국MBTI연구소.

다다익선
多多益善
많을 다 　많을 다 　더할 익 　착할 선

많으면 많을수록 더욱 더 좋다.

[출전] 사기(史記) 회음후열전(淮陰候列傳)

중국의 한(漢)나라 유방(劉邦)이 중국을 통일한 후 어느 날, 한신 (韓信)과 함께 여러 장군들에 대해서 이야기를 나누던 끝에 이렇게 물었다.

> 如我能將幾何? 信曰, 陛下不過能將十萬. 上曰, 於君何如? 曰, 臣 多多益善耳. 上笑曰, 多多益善, 何爲爲我擒? 信曰, 陛下不能將兵 而善將將, 此信之所以爲陛下擒也. 且陛下所謂天授, 非人力也.
> 여아능장기하? 신왈, 폐하불과능장십만. 상왈, 어군하여? 왈, 신 다다익선이. 상소왈, 다다익선, 하위위아금? 신왈, 폐하불능장병 이선장장, 차신지소이위폐하금야. 차폐하소위천수, 비인력야.

나는 군사를 얼마나 거느릴 수 있다고 보느냐? 한신이 폐하의 능 력은 불과 10만 명의 군사를 거느릴 수 있다고 대답하자, 한신은 어떤지 되물었다. 이에 한신이 자신은 많으면 많을수록 좋다고 대 답했다. 유방이 웃으면서 자기는 많으면 많을수록 좋다고 하면서 어찌하여 10만 명의 장수에 지나지 않는 나의 포로가 되었느냐고 물었다. 한신이 대답했다. 폐하께서는 군사를 통솔하는 능력은 없지만 장수를 통솔하는 능력은 뛰어납니다. 이것이 폐하에게 사 로잡힌 이유입니다. 폐하는 하늘이 주신 것이지 사람의 힘으로 되 는 것이 아닙니다.

변섭섭의 '희망사항'이라는 노래가 있다. "내 얘기가 새미있어도 웃어주는 여자 난 그런 여자가 좋더라." 연인사이라면 몰라도 이해관계가 있는 조직에서는 월급을 안 받아도 좋고 재미 없어도 열심히 일하는 그런 직원은 없다. 직원들은 어떤 생각으로 일하는 것일까?

심리학자 에이브러험 매슬로(Abraham Maslow) 교수는 인간은 (1) 만족할 수 없는 욕구를 가지고 있으며, (2) 인간의 행동은 만족하지 못한 욕구를 채우는 것을 목표로 하고, (3) 1단계의 기본욕구에서부터 5단계인 상위욕구까지 계층구조로 욕구가 진행되어 간다는 가정을 바탕으로 인간의 동기유발을 위해서 어떤 것들이 먼저 선행되어야 하는지를 설명했다. '욕구의 단계' 이론이다.[1]

- 1단계: 생리적 욕구(Physiological Needs). 생존의 가장 기본적인 요소인 의식주를 해결하고자 하는 욕구를 말한다.
- 2단계: 안전의 욕구(Safety Needs). 위험한 상황에서 몸을 피하려고 하는 것은 동물적 본능이다. 심리적인 압박에서 해방되고자 하는 것도 여기에 속한다.
- 3단계: 사회적 욕구(Social Needs). 집단에 소속되고 싶고 애정을 느끼고 싶은 욕구를 말한다. 소속감을 느끼고 심리적으로 안정되어야 능력을 발휘할 수 있다.
- 4단계: 존경에 대한 욕구(Self-Esteem Needs). 누구나 다른 사람들로부터 존경과 칭찬, 능력을 인정받고 싶어 한다.
- 5단계: 자아실현의 욕구(Self-Actualization Needs). 최상위의 욕구로, 자기개발과 목표성취를 위해 끝없이 노력한다.

사람은 일단 의식주가 해결되면 심리적, 육체적 안전을 생각하고, 다음으로 소속되고 싶어 하며, 자긍심을 느끼게 되면, 이어서 자아실현의 단계로 발전한다는 것이다. 다다익선이다.

---

1 에이브러험 매슬로 지음, 오혜경 옮김, 동기와 성격, 21세기 북스, 2009.

역린
逆 鱗
거스를 역 비늘 린

용의 목에 거슬러 난 비늘이 하나 있는데, 이 비늘을 건드리면 용이 크게
노한다는 전설을 바탕으로 군주를 노하게 하는 약점을 비유하는 말이다.

[출전] 한비자(韓非子) 세난편(說難篇)

　중국 전국시대 한비자(韓非子)는 자신의 법가사상을 정리하기 위
한 저술에 심혈을 기울였는데, 역사상 있었던 성공과 실패의 사례
들을 검토하여 고분(孤憤), 오두(五蠹), 내외저(內外儲), 설림(說林),
세난(說難) 등을 썼다. 다음은 세난에 나오는 구절이다.

> 凡說之難在知所說之心, 可以吾說當之. … 夫龍之爲蟲也,
> 柔可狎而騎也. 然其喉下有逆鱗徑尺, 若人有嬰之者, 則必殺人.
> 人主亦有逆鱗, 說者能無嬰人主之逆鱗, 則幾矣.
> 범세지난재지소세지심, 가이오세당지. … 부용지위충야,
> 유가압이기야. 연기후하유역린경척, 약인유영지자, 즉필살인.
> 인주역유역린, 세자능무영인주지역린, 즉기의.

설득의 어려움은 상대방의 마음을 잘 이해하고 자신이 말하려고
하는 내용을 그의 마음에 부합되도록 할 수 있느냐에 있다. … 용
은 성질이 유순하므로 길들이면 올라탈 수도 있다. 그러나 목 아
래 길이가 한 자쯤 되는 역린이 있으니, 이 비늘을 건드리는 사람
은 반드시 죽게 된다. 군주에게도 역린이 있으므로 군주를 설득하
려면 이것을 건드리지 말아야 한다.

한비자는 유세에서 중요한 것은 상대방의 장점을 아름답게 꾸미고 단점을 덮어버릴 줄 아는 것이라고 하면서 유세의 어려움에 대해 다음과 같이 덧붙였다.

일이란 은밀히 진행하면 성사되지만 사전에 말이 새면 실패한다. 유세자가 의도하지는 않았지만 우연히 상대방의 비밀을 들추게 되면 위태로워진다. 또 군주에게 허물이 있을 때 유세자가 분명하게 바른말을 하거나 추궁하면 위태로워진다. 군주가 아직 크게 신임하지 않고 있는 상태에서 유세자가 아는 것을 모두 말해 버리면 설사 그 제안을 실행에 옮겨 일이 잘 되어도 군주의 인정을 받지 못할 것이며, 그 제안을 실행하지 않아 일이 잘못되어도 군주의 의심을 사므로 위태로워진다. 또 군주가 좋은 계책이 생겨 자기 공을 세우고자 하는데 유세자가 그 사정을 알게 되면 위태로워진다. 군주가 겉으로는 어떤 일을 하는 것처럼 하지만 실제로는 다른 일을 하고 있을 때 유세자가 아는 체하면 또 위태로워진다. 군주가 결코 하고 싶지 않은 일을 억지로 하게 하거나 그만두고 싶지 않은 일을 못하게 하면 위태로워진다.

현명하고 어진 군주에 관해서 말하면 자기를 비방한다고 오해하고, 지위가 미천한 자에 대해 말하면 군주의 권세를 팔아서 자신을 돋보이려 한다고 의심하며, 군주가 총애하는 자에 대해 말하면 그들을 이용할 마음이 있다고 오해하고, 군주가 미워하는 자에 대해 말하면 자기를 시험한다고 여긴다. 꾸미지 않고 간결하게 말하면 아는 게 없어서 그렇다고 업신여기고, 해박하게 늘어놓으면 말이 많다고 하며, 사실에 근거하여 이치에 맞는 의견을 말하면 겁쟁이라서 말을 다 못한다고 하고, 생각한대로 거침없이 말하면 버릇없고 오만한 사람이라고 한다. 그러므로 이 점을 유념해야 한다.

남전생옥
藍田生玉
쪽남 밭전 날생 구슬옥

남전[1]에서 옥이 난다. 좋은 집안에서 인물이 나고, 어진 어버이 아래 훌륭한 자식이 남을 비유하는 말이다.

[출전] 삼국지(三國志) 오서(吳書) 강표전(江表傳)[2]

중국 촉(蜀)나라의 군사 제갈량에게는 제갈자유(諸葛子瑜)라는 형이 있었는데, 동생과는 달리 오(吳)나라에서 벼슬했다. 제갈자유의 얼굴은 나귀처럼 길어 보였는데 제갈각(諸葛恪)이라는 총명한 아들이 있었다. 어느 날 손권(孫權)은 신하들 앞에 나귀 한 마리를 끌고 오도록 해서 제갈자유(諸葛子瑜)라고 쓴 종이를 나귀의 긴 얼굴에 붙이고 놀렸다. 그 자리에는 마침 어린 제갈각도 같이 있었는데, 손권 앞에 나아가 글자 두 자만 더 써 넣도록 허락을 받고 제갈자유 다음에 지려(之驢: ~의 나귀)라고 썼다. 손권이 탄복해마지 않았다.

한번은 손권이 제갈각에게 아버지와 제갈량 중 누가 더 현명하냐고 묻자 아버지라고 답하고, 이유는 아버지는 명군을 섬기고, 삼촌은 그렇지 못한 군주를 섬기므로 그렇다고 하였다. 손권이 크게 기뻐하며 말했다.

藍田生玉, 眞不虛也.
남전생옥, 진불허야.

남전에서 옥이 난다고 하더니, 진정 헛된 말이 아니구나.

---

1 남전산(藍田山)은 중국 산시성에 있는 산으로, 옥(玉)의 산지로 유명하다.
2 송(宋)나라 문제(文帝)의 명을 받아 배송지(裴松之)가 삼국지에 붙인 주석에 나온다.

조선 선조 때 문신인 심수경(沈守慶)의 견한잡록(遣閑雜錄) 가운데 이런 내용이 있다.[3]

한 집안에서 거듭 장원 급제하다니 실로 드문 일이다.

- 김흔(金昕) · 김전(金銓) 형제와 김흔의 아들 김안로(金安老)가
- 김천령(金天齡) · 김만균(金萬均) · 김경원(金慶元)의 3대가
- 채수(蔡壽)와 그 사위 김안로(金安老) · 이자(李耔)가 모두 장원 급제 하였다.

4~5형제가 모두 과거에 합격한 사례도 있다.

- 이예장(李禮長) · 이지장(李智長) · 이성장(李誠長) · 이효장(李孝長) · 이서장(李恕長)은 모두 문과에 합격
- 안중후(安重厚) · 안근후(安謹厚) · 안돈후(安敦厚)는 문과에, 안관후(安寬厚) · 안인후(安仁厚)는 무과에 각각 합격
- 이기(李芑) · 이행(李荇) · 이미(李薇)는 문과에, 이권(李菤) · 이영(李苓)은 무과에 합격
- 윤호(尹晧) · 윤탁(尹晫) · 윤철(尹瞮) · 윤순(尹晌) · 윤서(尹曙)는 4년 동안에 연이어 문과에 합격
- 심연원(沈連源) · 심달원(沈達源) · 심봉원(沈逢源) · 심통원(沈通源)이 모두 문과에 합격
- 박형린(朴亨麟) · 박홍린(朴洪麟) · 박종린(朴從麟) · 박붕린(朴鵬麟)은 모두 문과에 합격
- 황위(黃瑋) · 황성(黃珹) · 황진(黃璡) · 황찬(黃璨)은 모두 문과에, 황수(黃琇)는 생원시에 합격
- 윤방(尹昉) · 윤양(尹暘) · 윤휘(尹暉) · 윤훤(尹暄)은 모두 문과에 합격했다.

---

3 http://blog.naver.com/wonpa5/220491880277

농단
壟　斷
언덕 농　끊을 단

원래는 높이 솟은 언덕이라는 뜻인데, 옳지 않은 방법으로 이익을 차지함을 비유하는 말이다.

[출전] 맹자(孟子) 공손추 하편(公孫丑下篇)

중국 전국시대 맹자(孟子)가 제(齊)나라에서 벼슬했는데, 그만두고 낙향하기로 했다. 선왕(宣王)이 회유했지만, 맹자는 부자가 되려고 하는 일이 아니라고 거절하고 다음과 같이 말했다.

季孫曰, 異哉子叔疑. 使己爲政, 不用, 則亦已矣, 又使其子弟爲卿.
人亦孰不欲富貴? 而獨於富貴之中, 有私壟斷焉. 古之爲市也,
以其所有易其所無者, 有司者治之耳. 有賤丈夫焉, 必求壟斷而登之,
以左右望而罔市利. 人皆以爲賤, 故從而征之. 征商, 自此賤丈夫始矣.
계손왈, 이재자숙의. 사기위정, 불용, 즉역이의, 우사기자제위경.
인역숙불욕부귀? 이독어부귀지중, 유사농단언. 고지위시야,
이기소유역기소무자, 유사자치지이. 유천장부언, 필구농단이등지,
이좌우망이망시리. 인개이위천, 고종이정지. 정상, 자차천장부시의.

계손은 "자숙의는 옳지 않다. 정치를 하다가 자기가 쓸모가 없으면 그만둬야지 어찌 자제에게 벼슬을 물려준다는 말인가. 부귀를 바라지 않는 사람이 어디 있겠는가? 부귀한 가운데 이익을 독차지한 것이다"라고 말했습니다. 옛날에 시장에서 거래하는 사람들은 물물교환을 하고, 관리는 질서유지만 했습니다. 그런데 한 천박한 사람이 높은 언덕에 올라 온 시장을 내려다보고 거래를 함으로써 시장의 이익을 그물질하듯 했습니다. 사람들이 모두 천하게 여겨 그를 고발하고 세금을 내도록 했는데, 상인에게 세금을 걷는 것이 이 사람으로부터 시작되었습니다.

세계에서 두 번째로 오래된 상업은행인 베어링은행(Barings Bank)의 딜러인 닉 리슨(Nick Leeson)은 1995년 1월 16일 니케이 지수가 하룻밤 새 크게 변동하지는 않을 것이라고 보고 파생상품에 투자했다. 그러나 1월 17일 고베 지진이 발생하면서 닛케이 225지수가 크게 떨어져 2천만 파운드의 손실을 입었다. 그는 손실을 특별 계좌에 감추고 다른 투자로 만회하려고 더 위험한 투자를 시도했지만, 손실은 더 커졌다. 급기야 손실총액이 보름만에 은행의 자본금의 2배인 13억 파운드가 되었다. 233년의 역사를 자랑하던 베어링 은행은 28세의 직원 한명 때문에 파산하고 단돈 1파운드에 ING에 합병되고 말았다.

'주인-대리인 문제'에 관한 이론이 있다. 주인-대리인 문제는 주인이 대리인을 고용해 어떤 일을 맡길 경우에 대리인이 주인의 이익보다 자신의 이익을 추구할 때 발생하는 문제로서, '정보의 비대칭성'이라고 한다. 대리인은 자신의 행태에 대해 완벽하게 알고 있으나, 주인은 대리인의 속내를 쉽게 알 수 없다는 것이 문제의 본질이다.[1] 이러한 주인과 대리인 간 정보의 비대칭성을 해소하기는 어렵다. 이익을 추구하는 것은 인간의 기본적 속성이기도 하다. 또한 대리인에 대한 완전한 감시가 가능하지도 않다. 도덕적 해이나 무임승차 문제, 역선택[2]의 문제가 발생할 수 있다.

스톡옵션(Stock Option)과 같은 인센티브를 지급하는 것도 이러한 문제점을 최소화하기 위한 현실적인 방법으로 활용된다.

---

1 하버드 비즈니스 스쿨의 마이클 젠슨(Michael Jensen) 교수와 로체스터대학의 윌리엄 멕클링(William Meckling) 교수가 주장했다.
2 역선택(Adverse Selection)은 대리인의 능력에 관한 정보의 부족으로 위임자가 대리인의 능력에 비해 많은 보수를 지급하거나 능력이 부족한 대리인을 역으로 선택하는 상황을 말한다.

오월동주
吳越同舟
성씨오 넘을월 한가지동 배주

숙적인 오(吳)나라 사람과 월(越)나라 사람이 한 배를 탄다는 뜻으로, 나쁜 관계에 있는 사람들이 서로 마주치게 되거나 같은 처지에 놓여 어쩔 수 없이 협력하게 됨을 비유하는 말이다.

[출전] 손자(孫子) 구지편(九地篇)

중국 춘추시대 오(吳)나라의 전략가 손무(孫武)는 손자병법에서 입지적 조건을 따져 아홉 가지 지형(九地)을 들었는데, 그 중 마지막이 사지(死地)이다. 사지에서는 결전을 할 수밖에 없으며, 빠져나갈 길이 없기에 부대는 더욱 단결할 것이라고 하며 다음과 같이 설명했다.

夫吳人與越人相惡也, 當其同舟而濟, 而遇風, 其相救也, 如左右手.
부오인여월인상오야, 당기동주이제, 이우풍, 기상구야, 여좌우수.

오나라 사람과 월나라 사람은 서로 미워하지만, 한 배를 타고 가다가 풍랑을 만나면 서로 돕는데, 마치 왼손과 오른손이 하듯이 한다.

오나라와 월나라가 원수로 지낸 것은 유명하다. 오의 합려(闔閭)가 월과의 싸움에서 죽자, 그의 아들 부차(夫差)는 원수를 갚기 위해 고통을 참으며 섶나무 위에서 잠을 자며 이를 갈았다. 와신(臥薪)이란 섶나무 위에서 누워 잔다는 뜻이다. 또한 부차에게 패배한 월의 구천(句踐)은 부차의 말을 기르고 수레를 끄는 치욕을 겪었다. 3년 후 월에 돌아온 구천은 쓸개를 핥으며 복수를 기다렸다. 상담(嘗膽)은 쓸개를 맛본다는 뜻이다. 20년 후, 구천이 오를 공격해 멸망시키자 부차는 스스로 목숨을 끊었다.[1]

---

1   여기에서 와신상담(臥薪嘗膽)이라는 고사성어가 유래했다.

손자는 용병을 위한 아홉 가지 입지적 조건과 함께 각각의 대처법을 아래와 같이 열거하고 있다.

(1) **산지(散地)**: 제후가 스스로 자기 땅에서 싸우면 이를 산지라고 한다. 산지에서는 전쟁을 피해야 한다.

(2) **경지(輕地)**: 적의 영토에 침입했으나 깊지 않은 곳이다. 아군 병사들이 탈주할 위험이 있으므로 주둔하지 말고 진격해야 한다.

(3) **쟁지(爭地)**: 아군이 탈취해도 유리하고 적이 점령해도 유리한 곳이다. 쟁지는 공격할 필요가 없다.

(4) **교지(交地)**: 아군이 진격하기에도 편리하고 적이 공격하기에도 편리한 곳이니 부대 간의 연락이 차단되지 않도록 주의한다.

(5) **구지(衢地)**: 국경이 여러 나라와 인접해 있어 먼저 점령하면 천하의 백성들을 모을 수 있는 곳이니 인접국과의 외교관계가 필수적이다.

(6) **중지(重地)**: 적의 영토 깊숙이 들어가서 배후에 많은 성과 마을이 있는 곳을 중지라고 한다. 현지에서 조달하기 좋다.

(7) **비지(圮地)**: 산림이 우거지고 늪이 많은 지형 등 진격하기 어려운 곳을 비지라고 한다. 싸우지 말고 빨리 통과해야 한다.

(8) **위지(圍地)**: 들어가는 곳은 좁고 나올 때는 멀리 돌아가야 하므로 적군이 소수의 병력으로 다수의 아군을 공격할 수 있는 곳이니, 위지에서는 적이 예측할 수 없는 계략을 써야 한다.

(9) **사지(死地)**: 싸움을 빨리 끝내면 살 수 있지만 그렇지 못하면 패망하는 곳을 사지라고 한다. 결전을 할 수밖에 없다.

일체유심조
一切唯心造
한 일 온통 체 오직 유 마음 심 지을 조

세상의 모든 것은 마음먹기에 달려 있다.

[출전] 화엄경(華嚴經)[1]

일체유심조는 화엄경의 근간을 이루는 사상으로, 당(唐)나라 승려 실차난타(實叉難陀)가 한문으로 번역한 화엄경 80권본 제16장에 다음과 같은 게송(偈頌)[2]이 나온다.

若人欲了知三世一切佛, 應觀法界性, 一切唯心造.
약인욕료지삼세일체불, 응관법계성, 일체유심조.

과거와 현재와 미래의 모든 부처를 알고자 하거든 마땅히 법계[3]의 본성을 보아야 한다. 모두가 마음의 짓는 바에 달렸다.

신라의 고승 원효(元曉)의 일화이다. 원효의 나이 34세, 의상(義湘)과 함께 불교를 공부하기 위해 고구려 땅을 거쳐 당나라로 가다가 첩자로 의심받아 고구려 군사에게 체포되었다가 돌아왔다. 11년 후, 이번에는 서해를 건너서 가려던 도중에 날이 저물어 어느 동굴에서 잠을 자게 되었다. 자다가 목이 말라 물을 마셨는데, 아침에 깨어 보니 그것은 해골에 고인 물이었다. 같은 동굴인데 밤에는 포근한 잠자리였지만 아침에 보니 무서운 무덤이었으며, 같은 물인데 밤에는 달콤했지만 아침에 보니 끔찍했다. 우리가 인식하는 모든 것은 마음의 작용이라는 것을 깨달은 원효는 그 길로 유학을 포기하고 돌아왔다.

---

1 송(宋)나라 문제(文帝)의 명을 받아 배송지(裴松之)가 삼국지에 붙인 주석에 나온다.
2 불교 교리를 담은 한시(漢詩)의 한 형태를 말한다.
3 법계는 법의 종류, 영역, 본성 등 다양한 의미를 지닌 불교 용어로 세계, 우주 전체와 진리 그 자체를 의미한다.

'에펠탑 효과'(Eiffel Tower Effect)는 처음에는 싫어하거나 무관심한 사람도 계속 보다보면 호감도가 증가한다는 심리학 용어인데, 이 말은 프랑스 파리의 상징인 에펠탑의 건립 과정과 관련이 있다. '단순노출효과'(Mere Exposure Effect)라고도 한다.[4]

1889년 3월 31일, 프랑스는 프랑스대혁명 100주년을 기념하기 위한 철탑을 파리 중심에 건립하고자 했다. 알렉상드르 에펠(Alexandre Eiffel)이 설계한 이 탑은 계획이 발표되자마자 파리 시민들의 반대에 부딪혔다. 고풍스러운 고딕 건물로 이루어진 도시에 높이가 320미터나 되는 흉물스러운 철탑이 들어선다며 반발했다. 그러나 막상 에펠탑이 완공되어 가는 모습을 보면서 시민들의 생각은 점차 달라졌다. 에펠탑이 올라가는 모습을 바라보면서 에펠탑이 눈에 익숙해졌고, 나중에는 매력적으로까지 느끼게 되었다. 원래 20년 후에는 철거할 예정이었던 에펠탑은 시간이 흐르면서 파리의 상징처럼 되었다.

에펠탑 효과는 폴란드 출신의 미국 사회심리학자인 로버트 자이언스(Robert Zajonc)에 의해 검증되었다. 로버트 자이언스는 대학생들에게 12장의 얼굴 사진들을 무작위로 여러 번 보여주고 얼마나 호감을 느끼는지를 측정했다. 그는 사진을 보여주는 횟수를 0회, 1회, 2회, 5회, 10회, 25회 등 6가지 조건으로 나누고 호감도를 분석했는데, 사진을 보여주는 횟수가 증가함에 따라 호감도도 증가하는 것으로 나타났다. 즉 전혀 모르는 사람의 사진도 자꾸 반복해서 보게 되면 '가랑비에 옷이 젖듯이' 친근감이 생겨 호감을 느끼게 된다는 것이다.

에펠탑 효과는 광고에서도 활용된다. 소비자에게 반복적으로 보여줘 친근감이 형성되면 익숙한 브랜드를 구매하게 되는 것이다.

---

4 이동귀, 너 이런 심리법칙 알아?, 21세기북스, 2016.

대간사충
大姦似忠
클 대   간음할 간   닮을 사   충성 충

크게 간사하면 흡사 충신과 같이 보인다. 즉 매우 간사한 사람은 아첨하는 방법이 교묘하여 마치 아주 충성스러운 사람처럼 보이는 것을 비유하는 말이다.

[출전] 송사(宋史) 여회전(呂誨傳)

서기 979년 중국을 통일한 송(宋)나라는 문치주의를 내세워 교육과 상업이 크게 발전하고 문화가 융성했다. 반면에 군사력은 약화되었다. 5대 황제 영종(英宗)이 부국강병을 위한 개혁을 도모했지만 즉위 4년만에 죽고 말았다. 뒤를 이은 신종(神宗)이 왕안석(王安石)을 발탁하여 개혁을 계속했다. 왕안석이 제치삼사조례사(制置三司條例司)를 설치하여 강력한 개혁정책이 포함된 신법(新法)을 공포하자, 기득권 세력이 강하게 반대했고, 특히 여회(呂誨)는 다음과 같은 상소를 올렸다.

> 臣聞大奸似忠, 大詐似信. 安石外示朴野, 中藏奸詐, 驕蹇慢上,
> 陰賊害物.
> 신문대간사충, 대사사신. 안석외시박야, 중장간사, 교건만상,
> 음적해물.

신이 듣건대 크게 간사한 사람은 충신으로 보이고, 큰 사기꾼은 믿을 만한 사람으로 보인다고 합니다. 왕안석은 보기에는 순박해도 속마음은 간사하고 매우 교만하여 숨어서 남을 해치는 사람입니다.

그런데 1085년 신종이 죽고 어린 철종(哲宗)이 즉위하자, 수구파가 득세하고 신법파는 좌천되었다. 그 후 당쟁은 격화되고 국정은 파탄에 이르러 1127년 여진족의 금나라에 멸망했다.

마타도어는 근거 없는 사실을 조작해 상대편을 중상모략하거나 그 내부에 혼란과 반목을 일으키기 위한 흑색선전과 같은 뜻으로 널리 쓰인다. 이 용어는 우두머리 투우사를 뜻하는 스페인어 Matador에서 유래한 것이다. 붉은 천을 휘두르며 현란한 손놀림으로 소를 유인하여 칼로 찌르는 투우사의 행동을 비유해서 중상모략 또는 남을 중상모략하는 사람을 마타도어라고 부르게 되었다고 한다.

사회 어느 조직에나 마타도어는 존재한다. 삽시간에 유포되는 마타도어는 당사자에게 치명타를 입히고 조직을 병들게 한다. 경쟁상대인 훌륭한 직원을 어려움에 빠뜨리거나 자기가 더 나은 기회를 차지하기 위해 근거 없는 소문을 퍼뜨리는 경우에 리더가 선불리 이 말을 믿고 당사자를 불신하게 될 수 있기 때문이다.

미국의 사전 출판사인 메이엄-웹스터는 네티즌 투표를 통해 2006년에 올해의 단어로 '트루시니스'(truthiness)를 선정한 적이 있다. 이 말은 미국의 코미디언 스티브 콜버트(Steve Colbert)가 자신의 뉴스 패러디 코미디쇼 '더 콜버트 리포트'의 2005년 첫 방송에서 쓴 말로 '객관적인 증거나 논리에 따른 진실이 아니라 직관이나 결단, 감정에 근거해 진실이기를 믿고 싶어 하는 개념이나 사실 또는 자신이 믿고 싶은 것만을 진실로 받아들이려는 성향'을 뜻하는 조어이다. 진실처럼 보이지만 진실은 아니라는 것이다.

문제는 우리가 옳다고 믿는 것이 전혀 옳지 않다고 판명되었을 때에도 자신의 믿음을 의심하지 않고 그 행동을 계속해서 이어간다는 점이다. 율리우스 카이사르의 말이다. "누구에게나 모든 것이 보이는 것은 아니다. 많은 사람은 자기가 보고 싶어하는 것밖에 보지 않는다." 신중한 판단과 행동이 필요한 이유가 여기에 있다고 하겠다.

계 륵

鷄 肋
닭 계 갈빗대 록

닭갈비는 먹을 것은 없지만 버리기도 아깝다. 즉 가진다고 별다른 이익이 없지만 그렇다고 버리기도 아까운 경우를 비유하는 말이다.

[출전] 후한서(後漢書) 양수전(楊修傳)

중국이 삼국시대로 접어들기 직전 세력 확장을 꾀하던 유비(劉備)가 위(魏)나라 조조(曹操)가 아끼는 장수 하후연(夏侯淵)이 지키는 한중(漢中)을 공격해서 성을 빼앗고 스스로 한중왕(漢中王)이 되었다. 조조는 즉시 대군을 이끌고 출정했다. 그러나 유비의 군대는 험악한 지형을 이용하여 위군의 공격을 막아내는 한편 위군의 보급로를 차단했다. 전세가 이렇게 돌아가자 조조는 진퇴양난에 빠졌다. 어느 날이었다. 지녁식사로 닭갈비가 나와 조조가 음식을 쳐다보고 있는데 하후돈(夏侯惇)이 막사로 들어와 암호를 무엇으로 하면 좋겠느냐고 물었다. 조조는 무심결에 계륵이라고 대답했는데, 휘하에 있던 장수 양수(楊修)는 이 암호를 전달받자마자 부하들에게 철수를 준비하도록 지시했다. 군사들이 놀라서 묻자 이렇게 말했다.

夫鷄肋, 棄之如可惜, 食之無所得. 以比漢中, 知王欲還也.
부계륵, 기지여가석. 식지무소득. 이차한중, 지왕욕환야.

닭갈비는 버리자니 아깝고 먹자니 먹을 게 없다. 이는 한중성에 비유할 수 있으므로 왕께서 돌아가려고 하는 것을 알게 되었다.

조조는 자신의 심중을 꿰뚫어 본 양수의 이야기를 듣고 지레 화를 내며 군사들을 동요케 하고 군기를 누설했다는 죄목으로 양수를 처형했다. 그런데 조조는 며칠 뒤 철군 명령을 내렸다.

독심술(讀心術)은 상대가 속으로 생각하는 바를 알아내는 기술이다. 마술사, 점쟁이, 예언가 등은 상대방이 무의식중에 보내는 여러 가지 신호를 해석해서 예지력을 가지고 있는 것처럼 질문에 대답함으로써 상대방의 마음을 읽는 것처럼 보인다고 한다.

독근술(讀筋術)도 독심술과 유사하다. 상대방의 팔위에 손을 올려 놓고 숨겨진 물건에 정신을 집중하도록 요구하면, 상대방의 근육에는 무의식적인 신경충격이 일어나게 된다. 마술사는 이 변화를 추적해서 물건을 찾아낸다.

텔레파시(Telepathy)는 통상적 의사전달 통로를 이용하지 않고 한 사람의 생각이 다른 사람에게 직접 전이되는 현상을 말한다.

최면술(催眠術)은 시술자가 인위적이거나 자연적인 방법을 써서 피술자가 긴장하지 않고 암시를 받아들이기 쉽게 한 다음 주의를 한 방향으로 모으는 것을 말하는데, 피술자는 오직 시술자의 지시에만 주의를 나타낸다. 시술자의 암시에 따라 보고 느끼고 냄새 맡으며, 암시가 모순되는 경우에도 그에 따른다.

'바넘효과'(Barnum Effect)는 사람들이 보편적으로 가지고 있는 성격이나 심리적 특징을 자신만의 특성으로 여기는 경향을 뜻한다. 미국의 심리학자 폴 밀(Paul Meehl)이 1956년에 처음으로 명명했다. 피니어스 바넘(Phineas Barnum)은 서커스단에서 사람들의 성격을 맞히는 사람이었다. 1946년에 버트럼 포러(Bertram Forer)가 대학생을 대상으로 성격진단검사를 실시한 후 전체 실험참가자에게 똑같은 내용의 성격검사 결과지를 나누어 주자, 80% 이상의 참가자들이 검사 결과와 자신의 성격이 일치한다고 말했다고 한다. 혈액형이나 별자리에 따른 성격분류도 이와 유사한 것으로 해석된다.

구밀복검
口 蜜 腹 劍
입구 꿀밀 배복 칼검

입에는 꿀이 있으나 뱃속에는 칼을 품고 있다. 즉 겉으로는 친절한듯하지만 속으로는 해칠 마음을 품고 있음을 비유하는 말이다.

[출전] 당서(唐書) 이임보전(李林甫傳)

중국 당(唐)나라의 현종(玄宗)은 처음에는 좋은 평가를 받았지만 점점 주색에 빠져 정사를 멀리했다. 당시 간신 이임보(李林甫)가 양귀비와 현종의 환심을 산 뒤 재상의 자리에 오르자, 황제의 비위를 맞추면서 19년 동안이나 국정을 농단하고 충신들이 올리는 간언이 황제의 귀에 들어가지 못하게 차단했다. 또한, 훌륭한 사람을 보면 자신의 자리를 위협할까 몰라 미리 제거하기도 했는데, 그 사람을 한껏 추켜세워 황세에게 천거한 후 성사뇌면 음모를 꾸며 처단하는 교활한 방법을 썼다. 모두가 그를 두려워해서 안록산(安祿山)도 그가 살아 있을 때에는 감히 반란을 생각할 수 없었다고 한다. 이를 보고 사람들이 이렇게 말했다.

李林甫, 妬賢嫉能, 排抑勝己, 性陰險, 人以爲口有蜜腹有劍.
이임보, 투현질능, 배억승기. 성음험, 인이위구유밀복유검.

이임보는 현명한 사람을 시샘하고 유능한 사람을 질투하여 자기보다 나은 사람을 배척하고 억누르는 등 성격이 음험하다. 사람들은 그를 보고 입에는 꿀이 있지만 배에는 칼을 품고 있다고 말했다.

이임보가 죽고 이를 알게 된 현종은 살았을 때의 관직을 박탈하고 부관참시 했다. 안록산은 이임보가 죽은 지 3년 후에 반란을 일으켰다.

안비사 내서실(內儲說)에 군주가 신하를 경계해야 할 여섯 가지 기미 즉 육미(六微)를 들고 있는데, 요약하면 다음과 같다.[1]

첫째, 군주의 권력이 신하에게 있다.
둘째, 군주와 신하 사이의 잇속이 달라 신하가 외국에서 힘을 빌
　　　리려고 한다.
셋째, 신하가 작당해서 군주를 속인다.
넷째, 군주와 신하 사이의 이해가 상반된다.
다섯째, 세력이 비슷하여 신하들의 내부에 다툼이 있다.
여섯째, 적국이 신하의 임면에 관여한다.

간신(奸臣)은 간사한 신하라는 뜻이다. 공자는 간신의 유형을 다섯 가지로 구분하고, 통치자는 이들을 제거해야 한다고 말했다.

첫째, 마음을 반대로 먹고 있는 음험한 사람
둘째, 말에 사기성이 농후한 달변인 사람
셋째, 행동이 한쪽으로 치우쳐 있고 고집만 센 사람
넷째, 뜻은 어리석으면서 지식만 많은 사람
다섯째, 비리를 저지르며 혜택만 누리려고 하는 사람

이들은 모두 말을 잘하고, 지식이 많으며, 총명하지만 진실성이 없다. 간신의 뒤에는 언제나 사리에 어둡고 어리석은 군주가 있다. 그래서 간신은 만들어진다고 한다. 나폴레옹(Charles Louis Napoléon Bonaparte)의 말이다. "무능한 병사는 없다. 무능한 장군이 있을 뿐이다."

1　一曰權借在下, 二曰利異外借, 三曰託於似類, 四曰利害有反, 五曰參疑內爭, 六曰敵國廢置. 此六者, 主之所察也. 일왈권차재하, 이왈이이외차, 삼왈탁어사류, 사왈이해유반, 오왈참의내쟁, 육왈적국폐치. 차육자, 주지소찰야.

염화시중

拈 華 示 衆

집을 염 빛날 화 보일 시 무리 중

사람들에게 꽃을 들어 보인다는 뜻이지만, 말이나 글에 의하지 않고 이심전심으로 상대방에게 마음을 전달하는 것을 비유하는 말이다.

[출전] 대범천왕문불결의경(大梵天王問佛決疑經)

어느 날 석가모니가 영산회상(靈山會相)[1]에서 사람들에게 설법하던 중 꽃을 들어 보이자 다들 무슨 뜻인지 몰라서 어리둥절해하고 있는데, 제자 가섭(大葉)이 홀로 깨닫고 미소 지었다. 그 뜻은 "연꽃은 진흙 속에서 자라고 피지만 잎도 꽃도 더럽혀지지 않고 청정함을 그대로 유지한다. 사람의 마음도 원래 청정하여 연꽃과 같이 비록 나쁜 환경 속에 처해 있어도 그 본성은 결코 더럽혀지지 않는다"[2]는 것이었다. 이에 석가모니는 가섭에게 아래와 같은 불교 진리를 전해 주었으며, 이때부터 연꽃이 불교를 상징하는 꽃이 되었다고 한다.

- 정법안장(正法眼藏): 사람이 본래 갖추고 있는 마음의 묘한 덕
- 열반묘심(涅槃妙心): 번뇌와 미망에서 벗어나 진리를 깨닫는 마음
- 실상무상(實相無相): 생멸계를 떠난 불변의 진리
- 미묘법문(微妙法門): 진리를 깨닫는 마음

연꽃에 관련된 불교의 교리로는 이밖에도 화개현실(華開顯實)을 들 수 있다. 연꽃의 꽃이 필 때에 열매인 연밥도 함께 나타나는 것처럼 원인과 결과가 서로 다른 것이 아니라 인(因)을 지을 때 이미 과(果)가 생겨난다는 의미이다.

---

1 인도 영축산(靈鷲山)에서 석가모니가 법화경을 설법하던 자리.
2 불교에서는 이 교리를 '처염상정'(處染常淨)이라고 표현한다.

불교가 우리나라에 들어온 지 약 2천년이 되어가면서 다양한 불교용어가 알게 모르게 우리 생활 속에서 자연스럽게 쓰이고 있다. 몇 가지 예를 들어본다.

도구(道具)는 스님이 불도를 닦기 위해 사용하는 기구를 말한다. 불교의 도구에는 목탁(木鐸), 법고(法鼓), 범종(梵鐘), 운판(雲板)의 4물과 염주(念珠), 발우(鉢盂), 죽비(竹篦) 등이 있다.

야단법석(野壇法席)은 야외에 세운 단이라는 뜻의 야단과 불법을 펴는 자리라는 뜻의 법석을 이어 붙인 단어로 부처님의 말씀을 듣고자 하는 사람들이 많이 모이다 보니 자연히 질서가 없고 어수선하게 된 상태를 나타내는 말로 쓰인다.

아수라장(阿修羅場)은 아수라가 싸운 마당이라는 뜻으로 전쟁 등으로 인해 큰 혼란 상태에 빠진 장소나 그러한 상태를 말한다. 아수라는 증오심이 가득하여 싸우기를 좋아하므로 악의 상징이며 전쟁의 신이라고도 한다.

이판사판(理判事判)은 어떤 일을 하다가 궁지에 몰린 상황을 말하는데, 이판과 사판을 더한 말이다. 이판은 불교에서 참선과 경전 공부 등 불교의 교리를 연구하고 포교를 담당하는 스님, 사판은 사찰의 재산인 산림(山林)을 맡아 보는 등 행정을 담당하는 스님이다. 살림을 잘한다는 말의 살림도 여기에서 유래되었다. 그런데 조선의 건국으로 불교를 억압하는 억불정책이 시행되고, 스님은 성안에 드나드는 것조차 금지되는 등 최하위계층으로 밀려나게 되었다. 이러한 사정으로 이판이든 사판이든 조선시대에 스님이 된다는 것은 마지막 선택일 수밖에 없었다. 그래서 더 이상 선택의 여지가 없을 때 이판사판이란 말을 쓴다.

내색하다의 내색(內色)은 눈, 코, 귀, 혀, 몸으로 인식한 것을 말하며, 반대로 외색(外色)은 모양, 소리, 냄새, 맛, 촉감을 말한다.

궁만즉절
弓 滿 則 折
활궁 찰만 곧즉 꺾을절

활을 너무 당기면 부러진다.

[출전] 전가보(傳家寶)[1]

청(淸)나라 때 석성금(石成金)이 지은 책에 이런 말이 있다.

話不可說盡, 事不可做盡, 莫捨滿篷風, 常留轉身地, 弓太滿則折,
月太滿則虧.
화불가설진, 사불가주진, 막차만봉풍, 상류전신지, 궁태만즉절,
월태만즉휴.

하고 싶은 말이라고 다하지 말라. 무슨 일이든지 끝장을 보면 안
된다. 거룻배에 부는 바람을 굳이 막지 말고, 언제나 몸 돌릴 여
지는 남겨 두어야 한다. 활을 너무 당기면 부러지고, 달도 차면
기울게 마련이다.

그는 또 이렇게 덧붙였다.

進一步想, 從無盡時, 退一步想, 自有餘樂.
진일보상, 종무진시, 퇴일보상, 자유여락.

한 걸음 앞서 생각하면 끝날 때가 없고, 한 걸음 물러나 생각하면
여유와 즐거움이 생긴다.

---

1 청(淸)나라 때 통속문학 작가 석성금(石成金)이 지은 책. 약 100여 편의 작품 대부분은 일상
적인 소재로 세상을 경계하고 집안을 다스리는 데 도움이 되는 내용이다.

화병은 분하고 화나는 마음이 쌓이면서 생기는 병으로 제대로 화를 분출하지 못하고 억눌러둔 경우에 생긴다고 한다. 직장에서는 여러 가지 스트레스가 화병의 원인이 되기도 한다. 상사 또는 다른 직원과의 갈등, 과다한 업무, 성과에 대한 부담, 구조조정에 대한 불안감 등으로 인해 발생할 수 있다. 이러한 화병이 의심된다면 아래와 같은 자가 테스트를 통해 일차적으로 진단해 볼 수 있다.

- 머리가 자주 아프다.
- 소화가 잘 안되고 때때로 구토감이 든다.
- 숨이 차고 가슴이 답답해서 자주 한숨을 쉰다.
- 몸이나 얼굴에 자주 열이 난다
- 가슴이 두근거린다.
- 가슴 중앙에 통증을 느낀다.
- 갈증이 나고 입안이 자주 마른다.
- 손과 발이 아프고 쑤신다.
- 항상 피로감을 느낀다.
- 사소한 일에도 짜증이 나고 예민하게 반응한다.
- 만사가 귀찮고 의욕이 없다.
- 감정기복이 심해서 갑자기 작은 일에 눈물이 나거나 화가 난다.
- 사람들과 이유 없이 말다툼을 하고 싶거나 화를 내고 후회한다.
- 우울한 감정이 든다.
- 잠을 잘 자지 못하고 깨거나 꿈을 많이 꾸고 개운하지 않다.

화가 나는 경우를 당하면 습관처럼 화를 내거나 무조건 참지 말고, 잠깐이라도 그 상황에서 벗어나 최대한 안정을 취하는 것이 좋다고 한다. 어려운 일이 지나고 나면 좋은 일이 생기고 또 좋은 일이 다하면 어려운 일이 생길 수도 있는 것이 사람 사는 세상이다.

호연지기
浩然之氣
넓을 호 그럴 연 갈 지 기운 기

사람의 마음에 차 있는 넓고 크며 올바른 기운으로 어떤 일에도 굽히지 않고 맞설 수 있는 당당한 기상을 비유하는 말이다. 호연은 넓고 큰 모양을 뜻한다.

[출전] 맹자(孟子) 공손추 상편(公孫丑上篇)

어느 날 제자 공손추(公孫丑)가 용기에 대해 묻자 맹자는 진정한 용기란 마음이 흔들리지 않는 것이라고 말하고, 자신은 마흔 살이 되어 마음이 흔들리지 않는 경지에 이르렀다고 스스로 평가했다. 공손추가 또 맹자에게 선생님은 어떤 장점이 있는지 묻자 이렇게 대답했다.

> 我知言, 我善養吾浩然之氣. 敢問何謂浩然之氣. 曰, 難言也. 其爲氣也, 至大至剛, 以直養而無害, 則塞于天地之間. 其爲氣也, 配義與道, 無是餒也. 是集義所生者, 非義襲而取之也. 行有不慊於心, 則餒矣.
> 아지언, 아선양오호연지기. 감문하위호연지기. 왈, 난언야. 기위기야, 지대지강, 이직양이무해, 즉색우천지지간. 기위기야, 배의여도, 무시뇌야. 시집의소생자, 비의습이취지야. 행유불협어심, 즉뇌의.

나는 남의 말을 잘 이해하며 호연지기를 잘 기른다. 호연지기가 무엇인지 묻자 맹자가 말했다. 설명하기 하기 어렵다. 기는 너무 크고 굳세어서 곧게 기르고 방해하지 않으면 천지에 가득 차게 된다. 그런데 기는 항상 의와 도에 합당해야 하며 그렇지 않다면 호연지기는 위축된다. 이는 내 안에 의가 모여 생기는 것이지 밖에서 의가 스며들어와 얻어지는 것은 아니다. 어떤 행동도 마음에 만족스럽지 않다면 호연지기는 곧 위축되고 만다.

남이(南怡) 장군은 어려서부터 남다른 기개와 용맹힘을 깇추있는데, 17세에 무과에 급제하고, 27세에 함경도에서 이시애의 난을 진압하면서 세운 공로로 장군이 되고, 여진족 정벌에 참여하여 추장 이만주 부자를 사살했다. 남이는 승리에 도취해 한양으로 돌아오는 길에 북정(北征)이라는 제목의 한시를 지었다.

白頭山石磨刀盡, 豆滿江水飮馬無. 男兒二十未平國, 後世誰稱大丈夫.
백두산석마도진, 두만강수음마무. 남아이십미평국, 후세수칭대장부.

백두산 돌은 칼을 갈고, 두만강 물은 말을 먹여 없애노라.
사나이 스물에 나라를 태평하게 못한다면, 후세에 누가 대장부라 부를까.

이렇게 남다른 기개는 결국 간신배들의 모함을 초래하고 말았는데, 세조에 이어 예종이 즉위하자마자 유자광의 무고로 능지처참을 당했다.

중국에서는 명(明)나라 시인 육방호(陸方壺)가 큰 봉황의 세계를 그리워하며 쓴 '대장부'가 역시 호연지기를 나타내는 시로 유명하다.

천길 벼랑 끝에 올라서서 옷깃의 먼지를 털고
만리를 흐르는 장강의 물에 발을 씻는다.
대장부라면 이런 기개와 절도가 어찌 없겠는가.

바다는 넓어 물고기 떼가 마음대로 헤엄치고
하늘은 텅 비어 있으니 새들이 힘껏 난다.
대장부라면 이런 너그러운 마음과 깊은 생각이 어찌 없겠는가.

임사이구
臨事而懼
임할 임 일 사 말이을 이 두려워할 구

일을 앞두고는 두려운 마음이 있어야 한다. 즉 무슨 일이든지 가볍게 보지 말고 신중하게 지혜를 모아 추진해서 반드시 성공해야 함을 비유하는 말이다.

[출전] 논어(論語) 술이편(述而篇)

어느 날 공자가 제자 안회(顔回)에게 벼슬에 나아가면 도를 행하고, 만일 그만두게 되면 이를 가슴속에 간직해 둘 수 있는 사람은 오직 너와 나뿐이라고 칭찬하자, 평소 용맹함을 뽐내던 다른 제자 자로(子路)가 샘이 나서 그렇다면 전쟁터에는 누구와 같이 나가겠느냐고 물었다. 이에 공자가 이렇게 대답했다.

> 暴虎馮河, 死而無悔者, 吾不與也. 必也臨事而懼, 好謀而成者也.
> 포호빙하, 사이무회자, 오불여야. 필야임사이구, 호모이성자야.
>
> 나는 맨손으로 호랑이를 잡으려 하거나 배를 타지 않고 강을 건너려다 죽어도 후회하지 않을 사람과는 함께 하지 않는다. 일을 앞두고 두려운 마음으로 기꺼이 대책을 세워 성공시키는 사람과 함께 한다.

자기를 지명할 것으로 기대하던 자로가 기다리던 대답은 아니었다. 공자가 위에서 언급한 '포호빙하'는 시경(詩經)에 나오는 구절을 인용한 것이다.

이세돌 9단은 12세에 프로가 되었다. 32연승을 끼두며 '불패소년'이라는 별명을 얻기도 했다. 이후 2015년까지 국제 바둑대회에서 18번 우승하는 등 최고수준의 기사로 평가받던 이세돌은 2016년 3월 구글이 개발한 AI 알파고(AlphaGo)와의 5번기 대국을 앞두고 가진 기자회견에서 "5승이냐, 4승 1패냐의 문제다"라고 단언했다. 그러나 오히려 1승 4패로 지고 나서 이세돌은 "알파고가 이렇게 완벽하게 바둑을 둘지 몰랐다"며 소회를 밝혔다.

바둑의 교훈에 위기십결(圍棋十訣)이 있다. 당나라 현종(玄宗) 때의 시인이자 바둑의 고수 왕적신(王積薪)이 설파한 것이다.

- 부득탐승(不得貪勝): 승리를 바라고 조바심을 내지 않는다.

- 입계의완(入界誼緩): 남의 경계를 넘을 때에는 천천히 신중하게 행동한다.

- 공피고아(攻彼顧我): 남을 공격할 때에는 나를 먼저 돌아본다.

- 기자쟁선(棄子爭先): 자기의 돌을 몇 개 포기하는 한이 있어도 선수를 잡는 것이 중요하다.

- 사소취대(捨小取大): 작은 것을 버리고 큰 것을 취한다.

- 봉위수기(逢危須棄): 위험을 만나면 포기할 수 있어야 한다.

- 신물경속(愼勿輕速): 경솔하게 행동하지 말고 신중하게 판단한다.

- 동수상응(動須相應): 움직일 때에는 반드시 상대방의 움직임에 따라 적절하게 대응한다.

- 피강자보(彼强自保): 강한 상대를 만나면 스스로 보강하고 무모한 싸움을 하지 않는다.

- 세고취화(勢孤取和): 고립되면 화평을 도모한다.

응시호보
鷹視虎步
매 응 볼 시 범 호 걸음 보

매의 눈과 호랑이의 걸음을 의미하며, 매처럼 날카롭고 호랑이처럼 용맹한
모습을 비유하는 말이다.

[출전] 오월춘추(吳越春秋)[1] 합려내전(闔閭內傳)

중국 춘추시대 오(吳)나라의 대부(大夫) 오자서(伍子胥)는 초(楚)나
라 사람으로, 아버지와 형이 비무기(費無忌)의 모함을 받아 죽음을
당하자 복수할 뜻을 품고 오나라로 망명했다. 어느 날 초나라의 대
신 백주려(伯州黎)가 다시 비무기의 모함으로 죽임을 당하자 그의
아들 백비(伯嚭)도 오나라에 귀순해 왔다. 오자서의 천거로 백비 역
시 벼슬을 하게 되었는데, 같은 대부인 피리(被離)가 오자서에게 백
비를 평하여 눈길은 매와 같고 걸음걸이는 호랑이와 같아 살인을
할 관상이니 그에게 마음을 주어서는 안 된다고 충고했다.

鷹視虎步, 不可親近.
응시호보, 불가친근.

매의 눈과 호랑이 걸음의 사람과는 가까이 하지 말라.

오자서는 동병상련(同病相憐)이라며 피리의 충고를 무시했는데,
훗날 월나라에 매수된 백비의 무고로 죽임을 당하고 말았다.

---

1 후한(後漢)의 조엽(趙曄)이 엮은 역사서로 중국 남방의 오나라와 월나라가 서로 경쟁하며 패
권을 차지하기까지 흥망성쇠의 과정을 세밀하고 흥미롭게 기술한 책이다.

한 때 우리나라 모 대기업의 신입사원 채용에서 관상을 본다는 소문이 있었다. 그만큼 관상은 우리 사회에서 사람을 판단하는 데 있어 영향을 끼친 것이 사실이다. 그런데 사람의 상은 살아가면서 어느 정도는 후천적으로 변하기도 한다. 영양 상태나 직업의 종류 등 사는 형편에 따라 달라지기도 하고, 인생관이나 마음의 상태에 따라서도 변한다.

뿐만 아니라 사람의 상은 시대에 따라 달라진다. 한국인의 얼굴은 과거와 비교하여 크게 변했다. 아마도 식생활의 개선이 가장 큰 영향을 미쳤을 것으로 본다. 50년대와 60년대 출생자의 얼굴은 체격과 함께 전체적으로 커졌고, 70년대 이후의 출생자는 키와 체격은 크게 달라지지 않았지만, 머리의 앞뒤 길이가 길어지면서 턱은 작아지고 있다고 한다. 물러진 음식물의 탓이라고 분석하는데, 턱뼈가 작아지고 이로 인해 광대뼈가 덜 튀어나오는 쪽으로 발전했다. 조선시대에 영국인 이사벨라 버드 비숍이 쓴 '한국과 그 이웃나라들'에 기술된 남성의 평균 키는 163.4cm인데 비해 산업자원부가 최근 조사한 '한국인 인체치수'에 의하면 20대 남성의 키는 173.3cm로 약 10cm 커졌다. 체형도 이전에 비해 비만형이 많아졌다.

그런데 이미 기원전 4세기에 아리스토텔레스가 관상에 관해 처음으로 논문을 썼다니 놀랍다. 그는 논문에서 기질을 나타내는 외모나 성격의 일반적 특성 등을 동물과 비유해 기술했다. 예를 들면, 개처럼 코끝이 날카로우면 성미가 급하고 쉽게 화를 내고, 사자처럼 둥글고 뭉툭하면 관대하며, 코가 가늘고 휘어지면 독수리 같은 성격이라고 말했다. 하지만 과학의 발달로 관상을 통해 직관적 인지를 얻어내고 예언이 가능하다는 주장은 벌써 설득력을 잃었다.

춘래불사춘
春 來 不 似 春
봄춘 올래 아닐불 닮을사 봄춘

봄이 왔지만 봄 같지 않다는 뜻으로, 시기에 어울릴 만한 상황이 아님을 비
유하는 말이다.

[출전] 한서(漢書), 동방규(東方叫) 소군원(昭君怨)

중국 한(漢)나라 원제(元帝)는 화공에게 궁녀들의 초상화를 그려
오도록 했다. 어떤 궁녀들은 화공에게 자신의 모습을 예쁘게 그려
달라고 뇌물을 주었지만, 화공 모연수(毛延壽)가 뇌물을 주지 않은
왕소군(王昭君)의 용모를 밉게 그리는 바람에 왕소군은 입궁한 지 5
년이 지나도록 황제의 얼굴도 보지 못했다.

한편 한나라는 북방의 강국 흉노와 화친하기 위해 황실의 공주를
흉노의 군주에게 시집보내는 전통이 있었는데, 어느 날 흉노의 군
주 선우(單于)가 신부를 맞으러 와 연회를 베풀었다. 선우는 시중을
들고 있는 한 미인을 보자, 원제에게 꼭 공주가 아니더라도 괜찮다
고 하면서 왕소군을 지목했다. 원제도 왕소군의 미모에 깜짝 놀랐
지만 어떻게 할 수 없었다. 초상화를 잘 못 그린 모연수는 황제를
기만한 죄로 참수되었고, 왕소군은 흉노 땅으로 시집을 갔다. 당나
라 시인 동방규(東方叫)는 그녀가 향수병에 괴로워했을 것이라고 상
상하며 아래 시를 썼다.

胡地無花草, 春來不似春, 自然衣帶緩, 非是爲腰身.
호지무화초, 춘래불사춘, 자연의대완, 비시위요신.

오랑캐 땅엔 꽃도 풀도 없으니 봄이 와도 봄 같지 않네.
허리끈이 느슨해진 것은 저절로 살이 빠져서라네.

고대 이집트의 여왕 클레오파트라를 세계 최고의 미인이라고 한다. 그런데 그녀는 미모뿐만 아니라 그리스어, 라틴어, 히브리어, 아랍어를 능숙하게 구사하고 엄청난 양의 독서를 즐겨서 당시 최고 수준의 지성을 갖추었기 때문에 역사의 주인공이 될 수 있었던 것이 아니었을까.

중국 고대의 미인이라고 하면 일반적으로 서시(西施)와 왕소군(王昭君), 초선(貂蟬)과 양귀비(楊貴妃)를 꼽는다. 이들을 4대 미인으로 인정하는 이유는 아마 이들의 미모도 있겠지만 클레오파트라와 마찬가지로 그들의 삶이 그만큼 파란만장했기 때문이 아니었을까. 이들을 가리키는 말로 '침어낙안 폐월수화'(沈魚落雁 閉月羞花)라는 표현이 유명하다.

- 여인의 아름다움에 취해 물고기가 그만 물속으로 빠져 버렸다는 침어(沈魚)는 춘추전국시대에 나라를 위해 적국 오나라의 왕궁에 들어간 월나라의 서시를 말한다.

- 하늘 높이 날던 기러기가 날갯짓을 잊어버리고 땅에 떨어졌다는 낙안(落雁)은 한나라에서 흉노의 군주 선우에게 시집간 궁녀 왕소군을 의미한다.

- 달이 부끄러워 구름 뒤에 숨는다는 폐월(閉月)은 후한 시대 여포와 동탁의 사이에서 이간질한 초선(貂蟬)을 가리키는데, 사실은 실존 인물이 아니라 삼국지연의에 나오는 가공의 인물이다.

- 꽃을 부끄럽게 만든 수화(羞花)는 당나라 현종의 후궁 양귀비(楊貴妃)이다. 그녀가 어느 날 후원을 거닐다 미모사에 손을 댔는데 갑자기 잎이 움츠려드는 것을 본 한 시녀가 그녀의 아름다움에 꽃이 부끄러워 그랬다고 소문을 냈다.

선즉제인
先 則 制 人
먼저 선 곧 즉 절제할 제 사람 인

선수를 쳐서 상대를 제압한다. 즉 무슨 일이든 남보다 먼저 하면 유리함을
뜻하는 말이다.

[출전] 사기(史記) 항우본기(項羽本紀)

중국 진(秦)나라 때 시황제(始皇帝)가 죽고 호해(胡亥)가 2대 황제
에 오르던 해의 일이다. 진승(陳勝)과 오광(吳廣)은 계속되는 폭정에
저항하여 농민군을 이끌고 봉기했다.[1] 그들은 파죽지세로 나아가며
다른 세력들과 연합하여 진나라의 수도 함양(咸陽)으로 진격했다.
이때 은통(殷通)도 항량(項梁)과 함께 거사를 의논했다.

> 江西皆反, 此亦天亡秦時也. 吾聞, 先則制人, 後則爲人所制.
> 吾欲發兵, 使公及桓楚將.
> 강서개반, 차역천망진시야. 오문, 선즉제인, 후즉위인소제.
> 오욕발병, 사공급환초장.

강서지방 전역에서 반란이 일어났다. 이것은 하늘이 진나라를 멸
망시키려는 때가 온 것이다. 나는 선수를 치면 상대를 제압할 수
있고, 뒤지면 제압당한다고 들었다. 그러므로 나는 그대와 환초
를 장군으로 삼아 군사를 일으키고자 한다.

이 말을 들은 항량은 자신의 조카 항우(項羽)가 환초의 소재를 알
고 있으니 항우를 시켜 환초를 데려오게 하면 되겠다고 말했다. 은
통이 동의하자 항량은 불려온 항우에게 눈짓을 보내 사전에 모의한
대로 은통을 단칼에 베도록 했다. 이렇게 은통은 항량에게 선수를
빼앗겨 그 자리에서 죽고 말았다.

---

1 진승·오광의 난이라고 부른다.

싸움에서 이기고 싶은 것은 생존을 위한 본능이다. 인류 역사를 통해 그동안 크고 작은 많은 싸움이 있었고, 사람들은 경험을 통해 이기는 방법을 터득했다. 베트남의 전쟁영웅 보 응옌 지압(Vo Nguyen Giap) 장군의 승리비결은 '3불전략'이었다.

첫째, 적이 원하는 시간에 싸우지 않는다.

둘째, 적이 원하는 장소에서 싸우지 않는다.

셋째, 적이 원하는 방법으로 싸우지 않는다.

병법서는 주로 전략을 가르친다. 그런데 요즈음 스포츠 선수들의 경우에는 기술적 능력을 키우는 훈련뿐만 아니라 정신무장을 강화하기 위한 심리치료를 받기도 한다. 실전 격투를 위한 복싱 트레이닝 비법을 다룬 '주먹이 운다'라는 제목의 책에서 실제 복서이기도 한 저자 이성흔 님이 흥미로운 '멘탈 강화를 위한 10가지 노하우'를 아래와 같이 공개했다. 신체의 근육은 쓸수록 강해진다. 마음의 근육도 마찬가지다. 스스로 물음을 던지고 답을 찾는 운동을 통해서 강해지는 것이다.

1. 무례해져라.
2. 긴장감을 받아들여라.
3. 압박감을 즐겨라.
4. 링을 세상에서 가장 편안한 공간으로 생각하라.
5. 낙천적으로 생각하라.
6. 호흡으로 정신을 가다듬어라.
7. 상대의 실수를 기대하지 마라.
8. 포커페이스를 유지하라.
9. 승리를 미리 단정하지 마라.
10. 승리를 만끽하라.

금의야행
錦衣夜行
비단금 옷의 밤야 다닐행

비단옷을 입고 밤길을 간다. 즉 아무 보람 없는 행동을 말하거나 무언
가 자랑삼아 하지만 생색이 나지 않음을 비유하는 말이다.

[출전] 한서(漢書) 항적전(項籍傳)

　중국의 진(秦)나라 말기 유방(劉邦)과 패권을 놓고 다투던 항우(項
羽)는 유방보다 늦게 진나라 도읍인 함양(咸陽)에 입성했다. 그는 유
방과 달리 아방궁에 불을 지르고, 진나라 왕 영자영(嬴子嬰)을 죽이
는 등 잔인한 행동을 서슴지 않았다. 안타까워하던 신하들이 간곡
하게 말렸지만 항우는 도무지 듣지 않고 오히려 향수병에 걸려 약
탈한 재물과 미녀들을 거두어 고향인 팽성(彭城)으로 돌아가려고 했
다. 그러자 한생(韓生)이 "함양은 사방이 산과 강으로 둘러싸여 있고
땅도 비옥하므로 이곳을 도읍으로 정해 천하의 패권을 잡도록 하십
시오"라고 말했다. 그러나 항우는 한시라도 빨리 고향으로 돌아가 성
공한 자신을 과시하고 싶은 마음이 들어 이렇게 말했다.

　富貴不歸故鄕, 如衣錦夜行, 誰知文者.
　부귀불귀고향, 여의금야행, 수지문자.

　부귀를 이루고도 고향에 돌아가지 않으면 비단옷을 입고 밤길을
걷는 것과 같다. 이런다고 누가 알아주겠는가?

　그러자 한생이 비웃으며 말했다. "초(楚)나라는 원숭이에게 옷을
입히고 갓을 씌웠을 뿐이라고 하더니 그 말이 맞네." 항우는 화가
나 한생을 처형한 후 고향으로 돌아갔고, 뒤에 유방이 다시 함양에
들어와서 한(漢)나라를 세웠다.

서양에서는 특별히 기념하는 날이면 빠지지 않는 것이 샴페인인데, 스파클링 와인 가운데 프랑스의 샹파뉴(Champagne) 지역에서 생산된 것만 샴페인이라고 부른다. 담그는 방법은 그리 간단하지 않다. 1차 발효가 끝난 와인을 병에 담아 당분과 효모를 첨가하고 수개월 동안 10℃ 정도에서 보관한다. 2차 발효가 되면 병에 효모 찌꺼기가 남는데, 병을 거꾸로 세우고 여러 번 돌려 병목에 찌꺼기가 쌓이게 한다. 다음에는 병을 거꾸로 해서 영하 25~30℃의 냉각 소금물에 병목을 잠기게 하여 얼린 뒤 찌꺼기를 병 밖으로 빼내기 위해 충격을 가하면 병 속에 남아 있는 가스의 힘으로 찌꺼기가 밖으로 나간다. 다음으로 일정량의 와인과 당분으로 부족한 양을 채운 뒤 쇠고리가 달린 병마개로 봉인해서 완성한다. 샴페인은 일반적으로 적포도 품종인 피노 누와, 피노 뫼니에르, 샤르도네가 등 세 가지 이상의 포도를 사용하는데, 생산년도가 다른 포도를 섞어 만들기 때문에 와인과 달리 빈티지를 표시하지 않는다.[1]

　샴페인 애호가들은 잔 바닥에서부터 솟구치는 기포가 한 번에 힘차게 올라오는 모습을 예찬한다. 누가 샴페인을 마다하겠는가. 그러나 샴페인을 너무 일찍 터뜨리지 않도록 자제할 필요가 있다. 허세와 허풍을 지양하고 조용한 가운데 실속을 차려도 늦지 않다. 비단옷은 나중에 입어도 된다.

　그런데 마키아벨리(Niccolò Machiavelli)는 중용되지 못하고 하급 공무원으로 삶의 후반을 보내면서 스스로를 위안하는 방법이 있었다. 소박한 차림으로 출근했다가 퇴근 후 밤이 되면 제일 좋은 정장으로 갈아입었다. 그리고 그리스-로마의 고전을 읽었다고 한다.

1　http://www.doopedia.co.kr/doopedia/master/master.do?_method=view&MAS_IDX=101013000700638

인의예지신
仁義禮智信
어질 인 옳을 의 예도 예 슬기 지 믿을 신

유교에서 말하는 다섯 가지 도리로, 어질고 의로우며 예의를 지키고 지혜
로우며 믿음이 있어야 한다는 것. 오상(五常)이라고도 한다.

[출전] 맹자(孟子) 공손추 상편(公孫丑上篇)

공자(孔子)는 인을 중시했고, 맹자(孟子)는 인과 의를 중요하게 여
겨 인의예지의 네 가지 덕목을 성선설(性善說)의 근거로 삼았다. 맹자
는 인의예지를 사단(四端)[1]이라고 부르고, 다음과 같이 설명했다.

惻隱之心, 仁之端也. 羞惡之心, 義之端也. 辭讓之心, 禮之端也.
是非之心, 智之端也.
측은지심, 인지단야. 수오지심, 의지단야. 사양지심, 예지단야.
시비지심, 지지단야.

남을 불쌍히 여기는 마음을 인의 시작이라고 하며, 불의를 부끄러
워하고 악한 것을 미워하는 마음을 의의 시작이라고 하며, 남을
위해 배려하는 마음을 예의 시작이라고 하고, 옳고 그름을 가리는
마음을 지의 시작이라고 한다.

한(漢)나라의 동중서(董仲舒)는 여기에 신(信)을 추가하고 오행(五
行)과 짝지어 설명했다. 이렇게 해서 다섯 가지 도리인 '인의예지신'
이 완성되었다. 오상은 삼강오륜(三綱五倫)과 함께 유교 윤리의 뼈대
를 이룬다. 신은 '광명지심(光名之心)'으로 중심을 잡고 가운데에 바
르게 서 밝은 빛을 냄으로써 믿음을 주는 마음이다.

---

1 사단은 인간의 본성이며, 사물을 접하면서 나타나는 감정을 칠정(七情)이라고 한다. 기뻐하
   고, 노여워하며, 슬퍼하고, 두려워하며, 사랑하고, 미워하며, 욕심내는 마음(喜怒哀懼愛惡
   慾)을 말한다.

'음양오행설'(陰陽五行說)은 음양설과 오행설을 함께 묶어 부르는 말이다. 음양설은 모든 현상이 음과 양의 쌍으로 나타난다는 것이며, 오행설은 금(金), 수(水), 목(木), 화(火), 토(土)의 다섯 가지가 음양의 원리에 따라 행함으로써 우주의 만물이 생성하고 소멸하게 된다는 이론이다.

음은 차가움, 정적, 어두움, 부드럽고 약함, 수렴, 두꺼움 등을 뜻하며, 양은 이와 반대로 뜨거움, 동적, 밝음, 단단하고 강함, 발산, 얇음 등을 의미한다. 음과 양은 대립적이지만 동시에 상호보완적이기도 하다.

오행의 예를 몇 가지만 정리해 보면 다음과 같다.

구분	목(木)	화(火)	토(土)	금(金)	수(水)
방위	동(東)	남(南)	중앙(中央)	서(西)	북(北)
계절	봄(春)	여름(夏)	환절기	가을(秋)	겨울(冬)
오상	인(仁)	예(禮)	신(信)	의(義)	지(智)
색깔	청(靑)	적(赤)	황(黃)	백(白)	흑(黑)
맛	신맛(酸)	쓴맛(苦)	단맛(甘)	매운맛(辛)	짠맛(鹽)
장기	간(肝)	심장(心)	비장(脾)	허파(肺)	콩팥(腎)
천간	갑(甲), 을(乙)	병(丙), 정(丁)	무(戊), 기(己)	경(庚), 신(申)	임(壬), 계(癸)
지지	인(寅), 묘(卯)	사(巳), 오(午)	진(辰), 술(戌), 축(丑), 미(未)	신(申), 유(酉)	해(亥), 자(子)

한양성 4대문의 이름도 오행에 맞춰 지었다. 동대문은 흥인지문(興仁之門), 서대문은 돈의문(敦義門), 남대문은 숭례문(崇禮門), 북문은 홍지문(弘智門)이라고 하고, 가운데에 4대문을 열고 닫는 신호를 타종하던 보신각(普信閣)을 두었다.

귀신피지
鬼神避之
귀신 귀   귀신 신   피할 피   갈 지

귀신도 피한다. 즉 무슨 일이든지 과감하게 추진하면 어떠한 어려움도 극복할 수 있다.

[출전] 사기(史記) 이사열전(李斯列傳)

중국의 진시황(秦始皇)은 맏아들인 부소(扶蘇)가 제위(帝位)를 잇도록 유서를 써서 밀봉한 채 죽기 전에 환관 조고(趙高)에게 맡겼다. 그러나 조고는 유서를 들고 부소가 아니라 막내아들인 호해(胡亥)를 찾아 갔다. 호해도 처음에는 부왕께서 결정하신 일이며, 형을 물리치고 동생이 제위에 오르는 것은 의롭지 않다고 하며 듣지 않았다. 그러나 조고는 "은(殷)나라의 탕왕(湯王), 주(周)나라의 무왕(武王)은 주군을 죽였지만 이로 인해 비난받지 않았습니다. 큰일을 행할 때에는 작은 의리는 생각하지 말고, 큰 덕이 있는 사람은 주어진 자리를 사양할 필요가 없습니다. 작은 이유로 큰일을 놓치면 후에 반드시 재앙을 만납니다"라며 다음과 같이 말했다.

斷而敢行, 鬼神避之.
단이감행, 귀신피지.

단호하게 행동하면 귀신도 피해간다.

이윽고 호해는 조고의 말대로 황제의 자리에 올랐으며, 형 부소는 죽임을 당하게 된다. 귀신피지는 이와 같이 원래는 나쁜 음모와 관련된 말이었지만, 오늘날에는 무슨 일이든지 단호하게 밀고 나가면 반드시 성사된다는 긍정적인 의미로 쓰인다.

근거 없는 자신감은 금물이지만, 리더에게 무슨 일이든지 옳다고 생각하고 반드시 성공할 수 있으리라는 강한 믿음이 있으며, 인화단결의 깃발아래 구성원들과 그 믿음을 공유할 수 있다면 어떠한 어려움이 닥치더라도 목표를 향해 과감하게 밀고 나아가는 데 큰 힘이 된다. 이를 가리켜 긍정의 힘이라고도 한다. 긍정의 힘을 키우는 한편 부정의 힘을 다스리기 위해 노력할 필요가 여기에 있는 것이다.

　스티브 잡스(Steve Jobs)는 잘 알려진 대로 자신이 세운 애플에서 해고당한 적이 있었는데 훗날 이 사건이야말로 자신에게 일어난 일 중 가장 좋은 일이었다고 회고했다. 성공이라는 중압감에서 벗어나 가벼운 마음으로 다시 시작할 수 있었으며, 인생에서 가장 창의적인 시기가 되었다고 한다. 긍정적인 사람은 비행기를 만들고 부정적인 사람은 낙하산을 만드는 법이다. 사이긍정 행이정성(思以肯定行以精誠), 즉 생각은 긍정적으로 하며 행동은 정성을 다하는 것이 성공의 길이다.

　약 5개월의 백의종군을 마치고 1597년 여름 마침내 삼도수군통제사로 돌아온 이순신(李舜臣)이 마주한 상황은 너무나 어려웠다. 왜의 수군은 남해바다를 손에 넣고 전라도로 향하는 한편 육지에서는 남원과 전주를 거쳐 도성으로 진격하고 있었다. 이에 다급해진 조정에서는 이순신에게 바다를 포기하고 보병을 도와 싸우라는 명령을 내렸다. 이순신은 선조(宣祖)에게 보낸 장계에서 신에게는 아직 12척의 배가 남아 있다는 긍정적인 표현으로 선조를 설득했다. 그는 133척이 출동한 왜와 싸운 명량해전을 승리로 장식하고 해상에서의 주도권을 확보함으로써 나라를 구했다.

찾아보기

인물

기업체 및 단체